DAS ZIEL BIST DU

Uwe Birnstein

DAS ZIEL BIST DU

Eine Pilgerreise
durch das Leben

PATTLOCH

Bibliografische Information: Deutsche Nationalbibliothek
Die Deutsche Nationalbibliothek verzeichnet diese Publikation in der
Deutschen Nationalbibliografie; detaillierte bibliografische Daten
sind im Internet über http://dnb.d-nb.de abrufbar.

© 2009 Pattloch Verlag GmbH & Co. KG, München

Umschlaggestaltung: Harald Braun, Berlin
Umschlagfoto: Agentur initiale, Sandhatten
Illustrationen: Susanne Kleiber, Hamburg

Redaktion, Gestaltung und Realisierung:
© Agentur initiale, Sandhatten 2009

Druck und Bindung: Leo Paper Group, Hongkong
Printed in China

ISBN 978-3-629-02235-6

Bitte besuchen Sie uns im Internet:
www.pattloch.de

2   4   5   3   1

Inhalt

5. Station

Im Kloster einkehren 72

Sich klösterlicher Abgeschiedenheit aussetzen. Am Tagesablauf der Ordensleute teilnehmen. Schweigen. Beten. Arbeiten. Gottesdienst mitfeiern, dabei tausend Jahre alte Lieder singen.

6. Station

Auf Reisen gehen 86

Auf eigene Faust in ein fremdes Land reisen. Selbständig Unterkünfte suchen. Die Angst verlieren vor unerwarteten Situationen. Andere Sitten achten und einhalten.

7. Station

Eine Bibliothek erkunden 100

Sich einige Tage Büchern widmen. Durch die Regalgänge streifen, die interessanten Titel herausnehmen und lesen. In fremde Lesewelten eintauchen. Schreiben lernen.

8. Station

Nächstenliebe üben 114

Mit Menschen in Kontakt treten, die Not leiden. Ihre Lebensgeschichte anhören. Vorurteile überprüfen. Sich Zeit nehmen für Hilfsbedürftige. Armut und Krankheit hautnah erleben.

9. Station

Ein Gotteshaus besuchen 128

Eine Kirche, einen Tempel, eine Moschee oder eine Synagoge besuchen. Sich hinsetzen und zur Stille kommen. Den Geräuschen lauschen. Die Rituale und Gesänge auf sich wirken lassen.

Einleitung

»Eine Schnecke? Ja, warum denn um Himmels willen keine Muschel? Sie ist doch das Erkennungszeichen der Pilger auf der ganzen Welt!« Mein Kollege sah mich ungläubig an.

»Stimmt«, konnte ich ihm nur beipflichten, »deswegen ja gerade eine Schnecke!« Denn dieses Buch ist kein Pilgerbericht einer Reise nach Santiago de Compostela, Rom oder Jerusalem. Der Weg, den es beschreibt, ist länger und anstrengender, gleichzeitig erfüllender und schöner als jede andere Pilgerreise. Er dauert das ganze Leben, von der Wiege bis zum Sterbebett. Das Ziel der Pilgerreise ist der Pilger selbst, sind Sie und ich, bist du.

»Und nicht Christus?«, höre ich vom Glauben Enttäuschte ängstlich fragen. Schließlich spricht Papst Benedikt XVI. oft davon, dass das Leben eine Pilgerreise hin zu Christus sei. Als würde am Ende des Lebens eine Art missionarische Falle auf den erschöpften Pilger warten. Was aber wäre dann mit denen, deren Gemüt, mit den Worten des Dichters Joseph von Eichendorff, von einem »geheimen Grausen« beschlichen wird: »Wir sehnen uns nach Hause / und wissen nicht, wohin?«

Ach, wäre es doch so einfach, würden am Ziel des Pilgerlebensweges eine Kathedrale, eine Wundergrotte oder die Reliquien eines Heiligen warten. Irgendetwas, das man benennen, betreten, berühren, fassen kann, dokumentiert im Pilgerpass mit vielen Stempeln der einzelnen Pilgerstationen.

Lässt man sich darauf ein, das Leben mit dem Bild einer Pilgerreise zu beschreiben, bestehen die Stationen nicht nur aus steinernen Herbergen oder Kirchen. Wenn es stimmt, dass jede Station einer Pilgerreise wichtig und hilfreich ist, welche Stationen säumen dann den Lebenspilgerweg?

Dieses Buch schlägt Ihnen zwölf Pilgerstationen vor. Einige davon steuert jeder Mensch während seines Lebens automatisch an. Andere liegen etwas abseits des Weges oder verführen wegen ihrer vermeintlichen Einfachheit dazu, vorüberzugehen. Wieder andere wirken auf den ersten Blick bedrohlich oder entbehrlich. Die Weisheitraditionen vieler Kulturen und Religionen empfehlen, diese Stationen dennoch zu besuchen. Sie bergen und ermöglichen Erfahrungen, die den Rest des Weges erleichtern und das Ziel klarer werden lassen.

Psychologen würden das Ziel der lebenslangen Pilgerreise vielleicht mit dem Begriff Selbsterkenntnis beschreiben. Die Reifung der Persönlichkeit ist das Ziel. Eine eher neutrale, wenig spirituelle Sprache, die trotzdem erhellend ist. Demnach würde der Besuch jeder der zwölf Stationen zur Reifung der Persönlichkeit beitragen. Und jede verpasste Station wäre eine Möglichkeit weniger, sich selbst auf die Spur zu kommen.

Sich selbst zu begegnen, der eigenen Wahrheit ins Auge zu blicken, erfordert Mut. Manchmal braucht man Helfer.

Es ist keine Magie, wenn Ihnen dieses Buch eine kleine Pilgerschnecke in die Hand gibt. Ihr wohnt keine Zauberkraft inne, auch stellt sie keine Verbindung zu himmlischen Helfern her. Trotzdem kann sie Ihnen hilfreich sein. Als Zeichen, das Sie daran erinnert: Sie sind auf einem Weg. Auch wenn Sie sich durch Dschungel oder Wüsten zu kämpfen haben, wenn Lebensmüdigkeit oder Todessehnsucht Ihnen die Luft abzuschnüren droht: Das Ziel werden Sie erreichen. So oder so.

Wenn Sie die Pilgerschnecke in die Hand nehmen, erinnert sie Sie an die Eigenschaften, die auch Sie sich zunutze machen können:

Langsamkeit. Auch wenn es im sprichwörtlichen Schneckentempo vorwärtsgeht: Es kommt darauf an, dem Ziel näher zu kommen – egal, in welchem Tempo.

Gepäck. Ihr ganzes Haus trägt die Schnecke mit sich herum. Mehr, als Sie tragen können, brauchen Sie nicht, um zum Ziel zu gelangen.

Labyrinth. Wie ein Labyrinth sieht das Gehäuse der Schnecke aus. Im Mittelalter beschritten Menschen, denen die Kraft zu einer Pilgerreise an einen heiligen Ort fehlte, ein großes Labyrinth. In den Boden der Kathedrale von Chartres ist eines der bekanntesten eingelassen. Es ist Sinnbild dafür, dass der Weg zum Ziel nicht geradlinig verläuft. Runde um Runde wird das Ziel umkreist, bis man es endlich erreicht.

Und schließlich: Einige Schneckenarten zeigen ein Verhalten, das auch für den beschwerlichen Weg der Pilgerreise durch das Leben hilfreich sein kann. Wird es Winter, ziehen sie sich in ihr Gehäuse zurück und verschließen die Öffnung hinter sich mit einer harten Masse. So können sie getrost und beschützt durch die kalte Jahreszeit kommen, um bei den ersten Strahlen der Frühlingssonne wieder aufzuwachen. Die Menschen im Mittelalter haben die Schnecke wegen dieser Fähigkeit als Symbol für die Auferstehung gewählt: Aus dem scheinbaren Tod tritt sie neu ins Leben.

Darum liegt diesem Buch eine Pilgerschnecke bei und keine Muschel.

Jede der zwölf Stationen beginnt (und endet) mit einem meditativen Text, dem eine »Ortsbeschreibung« der Station folgt. In ausgewählten Weisheiten der Literatur, kurzen biblischen Geschichten und anderen Erzählungen finden Sie Anregungen dafür, wie Sie Kraft sammeln können, um zu Ihrem ganz persönlichen Pilgerziel aufzubrechen. Jedes Kapitel erzählt auch von meinem eigenen Weg zur jeweiligen Station. Außerdem finden Sie weitere gute und nützliche Begleiter: Bücher, Musik, Filme. Von ihnen können Sie sich einstimmen lassen auf die wichtigen Pilgerstationen Ihres Lebens.

Möge Sie die Schnecke auf Ihrem Lebensweg begleiten.

Uwe Birnstein, Wildschönau im Mai 2009

Zur Begleitung Ihrer Pilgerreise durch das Leben finden Sie auf www.pilgerschnecke.de Informationen zu den Texten dieses Buches und Lesungstermine. Hier erhalten Sie auch Angebote für »Pilgerschnecken-Wochen« in Tirol. Ich würde mich freuen, Sie dort kennenzulernen.

Lass dir nicht einreden, du müsstest
fromm sein,
ein Glaubensbekenntnis sprechen,
religiöse Inbrunst spüren,
irgendwohin pilgern,
um an das Ziel deines Lebens zu gelangen.

Du bist doch schon unterwegs,
hast einige Wege kennengelernt:
prächtige Alleen,
dunkle Gassen,
beschwerliche Straßen,
erhabene Gipfelpfade.

So viele Wege liegen noch vor dir.

Die Stationen, die dich erwarten,
bringen dich voran
und werden deine Seele nähren.

Das Ziel deiner Pilgerreise ist
keine Kathedrale.

Das Ziel
bist
du.

EINSAMKEIT
SUCHEN

Einsamkeit

gefürchtet und herbeigesehnt,
ertragen und erkämpft,
vergeudet und genutzt.

Beginn der Pilgerreise
und gleichzeitig Station der Stille,
immer wieder
einladend und verlockend.
Verheißungsvoll und erschreckend

führt sie zur Oase der Stille,
an der die Geräusche der Welt verstummen.
Und plötzlich
melden sich die inneren Stimmen.

Leise, aber deutlich
weisen sie den Weg.

Ungewohntes erleben

Kein Mensch, nirgends. Und auch kein Trost. Für Menschen, die die Einsamkeit unfreiwillig ertragen müssen, ist dies ein ganz und gar unfruchtbarer Ort. Ein Gefängnis, dessen Mauern unüberwindbar erscheinen. Isolationshaft. Alleinsein als Strafe. Wofür? Wer unter Einsamkeit leidet, den quält diese Frage Tag und Nacht. Ein Teufelskreis. Je mehr Grübeleien die Herrschaft übernehmen, desto weniger Kraft bleibt, um Kontakte zu knüpfen mit anderen. Das Alleinsein wird zur Qual und zum Lebensinhalt. Die Sehnsucht nach Austausch und Gemeinschaft lässt einen riesigen Schatten entstehen, der die kleinsten Hoffnungsschimmer sogleich mit Dunkelheit bedeckt. Für die kleinen Schritte, auf andere Menschen zuzugehen, bleibt keine Energie.

Die erste Pilgerstation bezeichnet das andere, das helle Gesicht der Einsamkeit. Sie will nicht gefangen nehmen und halten, sondern in die Freiheit führen. Sie ist einladend, nicht abstoßend. Sie fasziniert und löst trotzdem das Gefühl des Erschreckens aus. Denn wer ist das schon gewohnt, sich aus dem Alltag in die Einsamkeit zurückzuziehen? Mit sich allein sein gehört nicht zu den derzeitigen Tugenden. »Ich fahre ein Wochenende alleine weg«: Diese Ankündigung löst eher Fragen aus als Verständnis. Dass Alleinsein ein menschliches Grundbedürfnis ist, gehört nicht zum allgemeinen Wissen.

Allein sein? Einsamkeit? Zwei Begriffe, die oft verwechselt werden. »Lieber allein als gemeinsam einsam« – dieser

Song berührte unzählige Menschen, denn er brachte auf den Punkt: Auch zu zweit kann man einsam sein. Einsamkeit ist nicht an Alleinsein gebunden. »Einsam bist du sehr alleine«, formulierte Erich Kästner denselben Sachverhalt, »und am schlimmsten ist die Einsamkeit zu zweit.« Man kann sich auch im Beisein anderer in die Einsamkeit flüchten. Innere Emigration nennen das die Psychologen – eine Methode, die viele Menschen unbewusst praktizieren, weil ihnen der Mut fehlt, sich von ihren Mitmenschen wenigstens für eine begrenzte Zeit zurückzuziehen.

Was hindert einen Menschen daran, die Einsamkeit zu wählen? Vielleicht die Angst vor dem, was an dieser Pilgerstation geschehen könnte. Plötzlich allein sein, keine Menschen, keine Termine, keine Anrufe, eine fremde Umgebung: Wer sich zum ersten Mal dieser Situation aussetzt, wird Ungewohntes erleben. Gefühle und Gedanken, die im Alltag verdrängt werden, werden an die Oberfläche treten.

Selbstgewählte Einsamkeit bedeutet nicht in jedem Fall ein paar Tage Frieden mit sich selbst. Die Empfindungen, die ans Tageslicht treten, können einen Menschen hin und her wirbeln. Wichtig ist, seine Gedanken zu sammeln. Nicht der Versuchung zu erliegen, man müsse sie alle ansehen, »bearbeiten«, Probleme lösen. Dass sie sich einen Weg in die Wirklichkeit gebahnt haben, ist viel. Sie sind präsent und werden es bleiben.

Wenn auch nur ein Gedanke, ein Gefühl sich Gehör verschaffen kann, hat die Pilgerstation »Einsamkeit« ihre Gastfreundschaft zur Genüge erwiesen.

Einsamkeit

Die Einsamkeit ist wie ein Regen.
Sie steigt vom Meer den Abenden entgegen;
von Ebenen, die fern sind und entlegen,
geht sie zum Himmel, der sie immer hat.
Und erst vom Himmel fällt sie auf die Stadt.

Regnet hernieder in den Zwitterstunden,
wenn sich nach Morgen wenden alle Gassen
und wenn die Leiber, welche nichts gefunden,
enttäuscht und traurig von einander lassen;
und wenn die Menschen, die einander hassen,
in einem Bett zusammen schlafen müssen:

dann geht die Einsamkeit mit den Flüssen ...

Rainer Maria Rilke

Der Engel in der Wüste

Vielleicht ist sie die einsamste Frau der Bibel. Eines Tages findet sich die Magd Hagar mit ihrem Sohn Ismael in der Wildnis wieder. Der Proviant ist schon lange aufgebraucht, Wasser ist nirgendwo zu finden. Verzweifelt setzt sie ihren ausgezehrten Sohn unter einen Strauch und geht fort: »Ich kann nicht mit ansehen, wie das Kind stirbt!« Todunglücklich weint sich Hagar ihren Kummer aus dem Leib. Nicht nur über ihre momentane Situation. Auch über die Zeit davor. Was ihr passiert ist, klingt unfassbar: Erst wird sie vom Hausherrn Abraham schwanger, da dessen Frau Sarah offensichtlich unfruchtbar ist. Als Sarah völlig unerwartet in hohem Alter doch noch schwanger wird, ist für Hagar kein Platz mehr. Sie wird mit ihrem zehnjährigen Sohn Ismael in die Wildnis verstoßen. Abraham gibt ihr Wasser und Brot mit. Doch das reicht nur für wenige Tage. Und nun sitzt sie in der unfreiwilligen Einsamkeit und weint.

Die Bibel wäre keine Heilige Schrift, wenn sie keine Hoffnungsgeschichten erzählen würde. Im Falle von Hagar hört Gott den Knaben schreien. Ein Engel tritt zu ihr und tröstet sie: »Fürchte dich nicht!« Als Hagar sich umschaut, sieht sie ganz in der Nähe einen Brunnen. Sie holt Wasser und gibt Ismael zu trinken. Von nun an stehen sie unter dem Schutz Gottes. Ismael wächst heran und gründet später eine Familie. Und Hagar hat das Tal der Einsamkeit und Verzweiflung durchschritten.

(nach 1. Mose 21, 8-21)

Von einem, der in die Einsamkeit zog

Ein seltsamer Weg ins Glück. Nur einmal hatten sie sich gesehen, dann sechs Wochen lang telefoniert, jede Nacht. Und nun stand er mit dem Umzugswagen vor der Tür seiner Kollegin, fünfhundert Kilometer entfernt. Sie hatten sich am Telefon entschieden, als Paar zu leben. Nicht nur für immer, sondern für ewig. Denn für ihn wie für sie stand fest: Dies ist die große Liebe meines Lebens. Dies ist die Seele meines Lebens.

Als sie dann in der gemeinsamen Wohnung angekommen waren, fielen sie nicht etwa leidenschaftlich übereinander her. Er ließ anderen Gefühlen freien Lauf. »Ich weinte mehrere Stunden wie ein kleines Kind, bis ich keine Kraft mehr zu haben schien. Sie hatte die erstaunliche Geduld und das tiefe Wissen um Dinge, von denen ich damals noch wenig verstand.«

Und das passierte ausgerechnet dem jahrelang als Frauenheld durch die Szene und den Blätterwald geisternden Schauspieler, der nach einer gescheiterten Ehe unzählige Amouren hatte und kaum einer Verlockung widerstehen konnte. »Ich kannte die Worte, die Blicke, die Pausen, das Timing, die Hitze, die Hingabe und die Erschöpfung«, erinnert er sich, »ich habe alles getan, den Frauen zu gefallen, doch habe ich mich nie gefragt, was ich eigentlich wollte.« Er suchte die Liebe. Doch er fand nur Sex. Diese Einsicht trieb ihn in die selbstgewählte Einsamkeit.

Als er in Berlin jeden Abend Theater spielt, igelt er sich in seine Wohnung ein, unternimmt nichts mit Freunden, spürt seiner inneren Leere nach. »Ich war überzeugt davon, dass das Leben mehr bieten musste, als nur berühmt zu sein und sich selbst toll zu finden.« Nach einer Vorstellung begegnet er zufällig der Schauspielerkollegin. Sonderlich attraktiv finden sie sich beide nicht. Trotzdem tauschen sie Telefonnummern aus. Drei Wochen später klingelt sein Telefon. Das Gespräch dauert drei Stunden, das am nächsten Tag sieben. »Zwei Seelen tauschten sich aus«, erinnern sich die beiden, »trotz aller Ferne so nah und ohne all die gewohnten Schutzmäntel, in berührender Ehrlichkeit.« In der dritten Telefonnacht beschließen sie einen gemeinsamen Urlaub, in der vierten zusammenzuziehen, in der sechsten zu heiraten und Kinder zu bekommen.

Erzählt er heute seine Geschichte, ist er sich bewusst, dass das alles unglaublich, ja fast verrückt klingt. Wäre es nicht sechzehn Jahre her, wäre aus der Liebe nicht eine Tochter geboren und würden die beiden nicht so liebevoll miteinander umgehen, könnte alles ein seltsamer Traum gewesen sein.

Fest steht: Erst in der Einsamkeit fand er das große Glück der Liebe.

Stärkung erfahren

Die Lebensmitte sei eine Zeit der Wandlung, meint der Psycho-analytiker Carl Gustav Jung. Diese Vorstellung hat mich schon fasziniert, als ich noch weit von meiner eigenen Lebensmitte entfernt war. Heute spüre ich diese Wandlung am eigenen Leib und in der eigenen Seele. Die Lebensmitte hat mich tatsächlich in die Einsamkeit getrieben. Früher hatte ich sie gescheut und mit allen Mitteln zu umgehen versucht. In jemandes Nähe zu sein, war für mich Voraussetzung für Glück und Zufriedenheit. Stets war ich von Menschen umgeben. Der Einsamkeit bin ich aus dem Weg gegangen. Menschen, die sich ihr eine Zeitlang aussetzten, gab es genug: Eine Freundin fuhr einmal im Jahr in ein Kloster. Ein Freund wanderte alleine über die Alpen. Solche Menschen faszinierten mich. Ebenso Hermann Hesses Romangestalten. Im selben Jahr, in dem ich zur Welt kam, ist er gestorben; seine eigenen Einsamkeits-Erfahrungen hinterließ er, in Worte gefasst, der Nachwelt. »Wer einmal dein ist, Einsamkeit, dem bist du Tod und Glück«, schrieb er in einem Gedicht. An anderer Stelle bezeichnete er die Einsamkeit als »Weg, auf dem das Schicksal den Menschen zu sich selber führen will«.

Und nun ist sie da, die Lebensmitte. Hermann Hesse steht noch im Regal, die Seiten sind leicht vergilbt und haben viele Umzugskisten überstanden. Viele Lektionen erteilte mir das Leben. Die Nähe zu den Menschen, denen ich mich doch eigentlich sehr nahe gefühlt hatte, zerbrach. Das immer gleiche Spiel, die Einsamkeit zu vermeiden, funktionierte nicht mehr. Immer häufiger genoss ich es, alleine zu sein. Immer öfter setzte ich mich Einsamkeits-Erfahrungen aus. Eine kleine Hütte in den Bergen, am Rande eines kleinen Dorfes, erkor ich mir zur Fluchtburg. Und wenn mir die Welt zu laut ist, verkrieche ich mich dorthin. Still ist es dort und einfach. Dort gibt es kein Telefon, fast niemand kennt die Adresse. Kerzen stehen auf einem kleinen Tisch, an der Wand hängt ein großer Spiegel.

Sobald ich die Hütte betrete, fließt das Gefühl tiefen Friedens in mich. Ich zünde die Kerzen an, setze mich auf die Bank vor dem Fenster und blicke auf den gegenüberliegenden Berg. Das Ensemble von Wiesen, Bäumen und Bauernhöfen hat sich schon so in mein Gedächtnis geprägt, dass ich jede kleine Veränderung registriere. Die Farbe des Laubes und der Wiesen, den Blumenschmuck auf den Balkonen, die weidenden Kühe und Schafe. Diese Aussicht strahlt Ruhe aus und Stille.

Auch ich bin still, sehr still, in meiner einsamen Hütte. Manchmal ertappe ich mich dabei, dass mir ein Lied auf den Lippen liegt. Oder dass ich mit mir selbst spreche. Aber die meisten Gespräche finden in der Stille statt: Hin und her kreisen die Gedanken über das in den vorangegangenen Wochen Erlebte. Doch auch dieses stumme Stimmengewirr gibt sich nach kurzer Zeit geschlagen und lässt mir Ruhe.

Von der Stille und Einsamkeit gestärkt, kehre ich zurück in den Alltag. Ich sei dann ausgeglichener, sagen mir Freunde. Ich bin gelassener, spüre ich, und mir selbst näher. Die Wandlung ist in Gang gekommen. Früher empfand ich Einsamkeit als bedrohlich. Heute als großes Geschenk.

Zur Ruhe kommen

Der Alltag lässt Ihnen keine Zeit für Einsamkeit, meinen Sie? Ein Teufelsrad: Je mehr Sie sich in Verpflichtungen und Termine verstrickt sehen, umso schneller dreht es sich und umso weniger Zeit lässt es Ihnen.

Wichtig ist, zu erkennen: Dieses Teufelsrad dreht sich nur, weil Sie ihm immer wieder Anschwung geben. Es anzuhalten erfordert zunächst Kraft und Energie. Eine kleine Übung könnte Ihnen dabei helfen:

Suchen Sie sich einen ruhigen Ort. Vielleicht abends vor dem Schlafen. Oder morgens vor dem Frühstück. Nehmen Sie sich ein paar Minuten Zeit. Dann legen Sie die Pilgerschnecke, die diesem Buch beiliegt, vor sich hin. Sie können sie drehen, immer um die eigene Achse – und Sie können sie zum Stillstand kommen lassen. Wenn sie vor Ihnen liegt, strömt sie Kraft und Energie aus. Ihr Gehäuse gibt ein Gefühl von Geborgenheit. Eine Rückzugsmöglichkeit. Verfolgen Sie mit den Augen den Verlauf der Spirale von außen nach innen, dann ertasten Sie denselben Weg mit Ihren Fingern. Der Weg führt nach innen, dann wieder nach außen.

Vielleicht kann es hilfreich sein, wenn Sie die Pilgerschnecke stets bei sich tragen. Sie wird Sie daran erinnern, dass Sie auch in Ihrem Alltag Minuten der Stille und Einsamkeit brauchen, um Kraft zu schöpfen für alles, was vor Ihnen liegt.

Einsamkeit

gefürchtet und herbeigesehnt,
ertragen und erkämpft,
und dann schätzen gelernt;

nicht als einmalige Pilgerstation,
sondern als eine Zuflucht für Zeiten,
die zu laut sind,
zu bunt,
zu bewegend,
zu reizvoll;

eine Station, deren Türen offen stehen,
die einlädt, zu verweilen,
für Minuten, Stunden
oder auch für Tage, Wochen, Monate.

In der Stille
lehrt sie die Sinne,
das wirklich Wichtige zu erkennen.

Klauß Stüwe: Kraftquelle Einsamkeit. Vom Mut, sich selbst zu begeg-nen (München 2008)
Klauß Stüwe hat die Einsamkeit am eigenen Leib erfahren. Mehrere Male hat er sich in eine kleine Hütte in Spanien in die absolute Ein-samkeit zurückgezogen. In diesen Zeiten ist er keinem Menschen begegnet – umso intensiver jedoch sich selbst. An seinen erstaunli-chen Einsamkeits-Erfahrungen lässt er seine Leser teilhaben. Seine Aufzeichnungen sind das Beispiel eines Weges, dessen Ziele Ruhe und Gelassenheit, Klarheit und Einsicht sind.

Pat Metheny: One Quiet Night (2003)
Eine stille, kunstvolle Glanzleistung des renommierten Saitenvir-tuosen, solo gespielt auf einer tiefer gestimmten Bariton-Gitarre. Musik, die Stille einläuten kann und zu Phantasiereisen einlädt. Meditativ und abwechslungsreich mit überraschenden Harmonien.

Die große Stille (Frankreich/Schweiz/Deutschland 2005)
Regie: Philip Gröning
Die Einsamkeit der französischen Alpen haben sich eine Hand-voll Mönche des Kartäuser-Ordens als Lebensort ausgewählt. Der Filmemacher lebte sechs Monate mit ihnen im Kloster La Gran-de Chartreuse; sein Werk dokumentiert nicht nur diese Welt des Schweigens und der Stille, sondern nimmt seine Zuschauer mit auf die spirituelle Erlebnisreise in die Einsamkeit. Ein Beweis dafür, dass Kino auch Kontemplation fördern kann.

Auf dieser Seite ist Platz für Ihre persönlichen Gedanken.

EINEN BERGGIPFEL
ERKLIMMEN

Berge

still und stumm
seit Jahrmillionen,
als sie aus dem brodelnden Chaos der Schöpfung
in die Höhe wuchsen,
langsam und unaufhaltsam;

schroffe Zeugen einer Macht,
die am Anfang wirkte,
die ungeheure Kräfte entfachte,
die Berge versetzen konnte
und Meere füllte.

Sie lassen erahnen,
dass diese Kraft des Anfangs auch heute wirkt.
Überall und immer wieder
kann aus dem Chaos ein Fels ragen,
der trägt.

Wer sich in die Bergwelt begibt
mit allen Sinnen,
lässt dieses Geheimnis der Schöpfung
an sich selbst geschehen.

Über den Dingen stehen

Gipfel und Täler. Saftige Wiesen und schroffe Felswände. Liebliche Almen und spitze Klippen. Wer die Berge kennenlernen möchte, sollte sich auf Gegensätze einstellen. Es gilt, die Bergromantik schlichter Filme hinter sich zu lassen, offen zu werden für eine Welt, die jeder Beschreibung trotzt. Der Weg zur zweiten Pilgerstation ist steinig und bringt alle, die ihn gehen wollen, an den Rand ihrer Kräfte. Wer das Ziel einer Bergwanderung erreicht, wird reich belohnt: Ein grandioser Ausblick schenkt die Erfahrung der Weite. Über den Dingen stehen. Nirgendwo anders prägt sich dieses Gefühl der Distanz so eindrücklich in die Seele wie in den Bergen.

Dabei muss nicht unbedingt der Gipfel am Ziel einer Bergerfahrung stehen. Vielleicht steckt Sinn darin, dass der Gipfel die meiste Zeit des Weges gar nicht zu sehen ist. Wer sich zu sehr auf dieses Ziel fixiert, verliert den Blick für die Schönheit des Weges. Sie begleitet den Pilger vom ersten Schritt an. Zunächst der Weg aus dem Dorf, von dem irgendwann nur noch in der Ferne der Kirchturm zu erkennen ist. Dann führt der Weg durch Wälder. Riesenhafte Bäume beschirmen den Boden; Stämme, durch die Lebensenergie von der Erde gen Himmel fließt. Vereinzelt durchstrahlt Licht die mächtigen Baumkronen; es erhellt den Waldboden und zeigt das schwirrende Leben in der Luft. Blumen in allen Farben färben eine Almwiese ein. Selbstlos schöpft die Natur aus dem Vollen.

Je weiter der Weg führt, desto mehr zieht sich das Leben zurück. Es wird karg. Bald bedecken nur noch kleine Pflanzen den Boden. Doch sobald sich das Auge daran gewöhnt hat, entdeckt es das neue Angebot der Natur: Felsformationen, deren Form und Farbe Einblick in die Schöpfungswerkstatt zulassen. Muster, die keine Ordnung erkennen lassen. Am Boden halten sich Moose an Steinen fest. Die Anstrengungen des Aufstiegs ermüden die Beine und zehren an den Kräften.

Und plötzlich, mitten in den Mühen des Aufstiegs, die Ahnung des Einswerdens. Ein Hineintauchen ins Nichts. Nur noch Berge, der Weg, der Pilger. Und je näher der Gipfel ist, desto atemberaubender werden die Ausblicke. »Da oben habe ich mich nicht gefragt, warum ich das tue, warum ich da bin«, schilderte der Bergsteiger Reinhold Messner einmal seine Gipfelerfahrung, »das Steigen, die Konzentration, das Sich-Aufwärtsmühen waren die Antwort. Ich selbst war die Antwort, die Frage war aufgehoben.«

Keine Frage, keine Antwort. Nur Sein. Die Anstrengung lässt nach, auch das Denken und Wünschen. Gibt es tatsächlich noch etwas anderes als dieses erfüllende Gefühl?

Der bevorstehende Abstieg scheint das Glücksgefühl zu schmälern. Doch er hat einen Sinn: Schritt für Schritt bringt er die Welt zurück. Vom kargen Gipfel hinunter in die blühende Natur, zurück zu den Menschen. Man ist um viele Erfahrungen reicher. Weit hinter dem Dorf liegt der Berg, erhaben wie eh und je. Der bloße Blick auf ihn ruft Sehnsucht hervor und führt zurück in das Gefühl himmlischer Weite.

Berge sind stille Meister
und machen schweigsame Schüler.

Johann Wolfgang von Goethe

Wenn du den steilen Berg ersteigst,
wirst du beträchtlich ächzen;
doch wenn du den felsigen Gipfel erreichst,
hörst du die Adler krächzen.

Dort wirst du selbst ein Adler fast,
du bist wie neugeboren,
du fühlst dich frei, du fühlst: du hast
dort unten nicht viel verloren.

Heinrich Heine

Elija entdeckt Gott

Die heilsame Kraft der Berge hat der Prophet Elija auf besondere Weise erfahren. Der Gottesmann hatte sich den Kampf gegen andere Religionen zum Hauptziel gemacht. Dabei erschlug er sogar über vierhundert Propheten des Gottes Baal.

Grund genug für die an Baal glaubende Königsgattin Isebel, Elija zu verfolgen. Der Prophet flieht in die Einsamkeit. Gestärkt vom Brot eines Engels wandert er vierzig Tage und Nächte durch die Wüste. Sein Ziel: der Horeb – jener Berg, auch Sinai genannt, auf dem Gott dem Propheten Mose erschienen war und ihm die Zehn Gebote offenbart hatte.

Als Elija am Fuße des Berges sein Lager aufschlägt, hört er Gottes Stimme: »Was willst du hier, Elija?« Nachdem er seine Geschichte erzählt hat, fordert die Stimme ihn dazu auf, den Gipfel zu besteigen, dort werde ihm Gott begegnen.

Elija geht und wartet auf Gott. Plötzlich bricht ein Sturm los, sodass die Felsen zerbrechen. Aber Gott ist nicht im Sturm. Danach erschüttert ein Erdbeben den Berg. Aber Gott ist nicht im Erdbeben. Dann steht der ganze Berg in Flammen. Aber Gott ist nicht im Feuer. Nach diesen Ereignissen durchzieht »ein sanftes Säuseln« die Luft. Darin zeigt sich Gott.

Auf dem Berg hat Gott dem Elija eine wichtige Lektion erteilt: Die göttliche Kraft kommt ohne Gewalt und großes Getöse in die Welt. Ganz anders als erwartet zeigt sich Gott: sanft und säuselnd. Eine himmlische Lektion. Elija ist verändert.

(nach 1. Könige 19, 1-18)

Berg-Sucht

»In den Bergen wurde ich stark fürs Leben!« In einem Berg-
dorf ist er aufgewachsen. Die Kulisse mächtiger Dreitausen-
der war ihm vertraut. Je älter er wurde, desto mehr zogen die
fernen Gipfel ihn in den Bann. Mit siebzehn Jahren ist er
dann zum ersten Mal ganz alleine aufgebrochen. »Ich wusste,
dass es gefährlich ist, aber ich hatte Vertrauen.« Voller Unge-
duld wartet er, dass seine Eltern das Haus verlassen und in
den Urlaub fahren.

Nach zwei Stunden Wanderung erreicht er die Nord-
wand des Berges. Obwohl sie verschneit ist, klettert er los.
Es wird dunkel. Auf einem Felsvorsprung rollt er seinen
Schlafsack aus. Die Flamme des Gaskochers erwärmt mühsam die Suppe. Er genießt das Gefühl, allein zu sein in seinem Berg.

In der Morgendämmerung folgt die Ernüchterung: Alles
ist vereist. Das Eis macht es unmöglich, weiterzuklettern oder
abzusteigen. Niemand weiß, wo er ist, niemand wird ihn suchen. Nur eine kleine Trinkflasche hat er mitgenommen; der
Durst verursacht eine Art Halluzination. Er hört Geräusche,
als ob jemand Haken in die Eiswand schlüge. Aber da ist
niemand. Mit der Angst kriecht der Mut der Verzweiflung in
ihm hoch. Zu bleiben würde den sicheren Erfrierungstod bedeuten. Er hat keine andere Chance, als trotz der Gefahr den
Abstieg zu wagen. Behutsam setzt er den ersten Schritt. Im
Schneckentempo hangelt er sich an der Wand herab. Nach

zwei Stunden betritt er sicher den Boden. Das ist noch einmal gutgegangen.

Durch die lebensgefährliche Erfahrung lässt er sich jedoch nicht die Faszination der Berge nehmen. Immer wieder bricht er alleine auf, will seine Grenzen austesten. »Damit ist immer ein sehr tiefes Erlebnis verbunden«, erzählt er, »im Berg habe ich Ruhe in mir. Alle Alltagsprobleme werden klein und nebensächlich.«

Seine Leidenschaft hat sogar heilsame Wirkung. Als er sich unglücklich verliebt, beschließt er, sich einen Traum zu erfüllen: Er will die berühmte Eigernordwand besteigen, eine Herausforderung für jeden Bergsteiger. »Es funktionierte«, erinnert er sich, »ich dachte nur noch an diese Wand und vergaß den Liebeskummer völlig.«

Aus der Leidenschaft wird Berg-Sucht. Er reist nach Bolivien. Einen Sechstausender hat er sich vorgenommen. Kurz vor dem Gipfel wird er höhenkrank. »Ich konnte kaum das Zelt aufstellen, so schlecht ging es mir. Aber ich wusste, ich bin hier alleine und muss einfach abwarten, dass es mir wieder bessergeht.« Mit Hilfe von Schmerzmitteln kann er zwei Stunden schlafen und ist danach immerhin so fit, dass er hinuntersteigen könnte. Er wählt den anderen Weg. »Der Mond schien, und ich musste auf diesen Gipfel.« Nur wenige Minuten bleibt er oben und genießt den Ausblick. Das Ziel ist erreicht.

»In den Bergen wurde ich stark für das Leben.« Nachdem er mir seine Geschichte erzählt hat, weiß ich, warum.

Ein majestätisches Schauspiel

Eigentlich sollte es um halb vier in der Nacht dunkel sein. Als ich in einer seltsamen Mischung aus Schlaftrunkenheit und Aufgeregtheit aus dem Zelt krieche, bescheint der Mond hell die Wüste. Aus dem tiefdunklen Blau des Himmels scheinen wie Sprenkel drei kleine gelbe Punkte; dahinter schimmert das Band der Milchstraße und verliert sich irgendwo in der Unendlichkeit. Mein Freund hat auf einem Gaskocher einen Kaffee angesetzt; die anderen drei Pilgergefährten sitzen bereits mit festem Schuhwerk, dicken Pullovern und Jacken auf einem Stein. Ein paar hundert Meter entfernt erkenne ich die Mauer des Klosters; seit über tausend Jahren trotzt sie schon Wind und Wetter. Hier, mitten auf dem Sinai, hatten Mose und das Volk Israel Rast gemacht. In einem brennenden Dornbusch, dessen Ableger bis heute an der Klostermauer emporranken, war Mose ein Engel erschienen. »Ich bin, der ich sein werde«, hatte Gott sich selbst beschrieben. Ein eigentümlicher Name. Ist Gott etwa noch nicht? Verändert er sich? Ist er jetzt schon so, wie er einst sein wird? In der Nacht war mir der Satz nicht aus dem Kopf gegangen.

Wir brechen auf. Ob es derselbe Weg ist, den Mose damals, vor mehr als dreitausend Jahren, gegangen ist? Meine Taschenlampe beleuchtet den steinigen Weg. Unsere Schritte hallen in der Stille der Nacht. Wer mag die Stufen in die Steine geschlagen haben, auf denen wir die ersten hundert Meter des Berges ersteigen? Die Morgendämmerung zeigt sich am Horizont. Nur eine Ahnung von Licht. Vorsichtig setzen wir unseren Weg fort, die

Umrisse der riesigen Felsblöcke heben sich dunkel vom Nacht-himmel ab. Meine Waden ermatten von den unzähligen Stufen. Alle Konzentration ist gefordert, um nicht zu stolpern. Wenn damals schon ein Engel in dieser unwirtlichen Gegend war – vielleicht auch jetzt? Vielleicht jener, dem Gott befohlen hat, er möge mich behüten auf allen meinen Wegen, damit mein Fuß nicht an einen Stein stößt, wie es in Psalm 91 heißt?

Sachte verdrängt das Morgenlicht die Dunkelheit der Nacht. Der Aufstieg ist anstrengend, Schweiß rinnt meinen Rücken entlang. Aus der Dämmerung taucht eine kleine Kapelle auf. Ein christliches Heiligtum auf dem Berg, der den drei großen Religionen heilig ist. Mose wird als Prophet verehrt von Juden, Christen und Muslimen. Hier irgendwo muss ihm Gott begegnet sein, von Angesicht zu Angesicht.

Wir gehen weiter. Bevor die Sonne aufgeht, wollen wir den Gipfel des Jebel Musa, des Mose-Berges, erreicht haben. Wir sind müde, die Luft ist dünn, die Beine werden schwerer. Doch an je-der Wegbiegung steigt die Vorfreude auf das Ziel. Das Himmels-blau legt sein Dunkel ab und changiert ins helle Morgenblau; die Felswände verlieren ihren grauen Schimmer und leuchten ockergelb. Die Sonne taucht die Welt in Farbe.

Als wir den Gipfel erreichen, schiebt sich gleißend der Sonnen-rand über den Horizont. Die Augen schmerzen. Die Gipfel an-derer Berge fangen die Strahlen auf: Ein majestätisches, farben-prächtiges Panorama. Ein uraltes Schauspiel der Schöpfung. Alles wird in Licht getaucht. Auch unsere Gesichter hellen sich auf. Nicht nur, weil sie von der Morgensonne beschienen werden.

Ein paar Tage in den Bergen verbringen

Es muss ja nicht der Mount Everest sein, auch nicht die Zugspitze. Wichtig ist, dass Sie losgehen.

Gönnen Sie sich Zeit, um Ihren Pilgerberg auszuwählen. Nehmen Sie eine Landkarte zur Hand oder einen Wanderführer. Suchen Sie einen Berg, der möglichst nah bei Ihrem Wohnort liegt. Vielleicht sind es nur wenige Schritte, vielleicht einige Kilometer. Die Entfernung ist nicht wirklich wichtig.

Zeit sollten Sie sich in jedem Fall nehmen für diese Pilgerstation. Mindestens drei Tage. Stellen Sie sich auf eine Wanderung ein. Der Weg muss nicht lang sein, je nach Ihrer Kondition. Suchen Sie sich ein Gasthaus, das am Berg liegt. Oder eine Hütte, in der Sie übernachten können.

Nehmen Sie festes Schuhwerk mit, Proviant, eine Trinkflasche, Regenkleidung. Und in der Jackentasche die Pilgerschnecke. Dann verbringen Sie einen ganzen Tag auf Ihrem Berg, lernen ihn kennen: seine Silhouette, seine Wege. Seine Farben, seinen Geruch. Seine Abgründe, seinen Gipfel.

Lassen Sie das alles auf sich wirken. So, dass er Ihnen vertraut wird; so, dass Sie ihn nach Ihrer Rückkehr immer wieder fühlen können.

Lassen Sie die Sehnsucht zu, die entsteht. Mag sein, dass Sie Ihren Berg nicht hinter sich lassen können, sondern ihn wieder und wieder besuchen.

Der Blick in die Weite

Keine Angst mehr
vor den Abgründen,
die sich auftun auf dem Weg,
mutig hinabsehen in die Tiefe.
Hinter der Wegbiegung
gelassen weitergehen:
Es ist noch weit und die Kräfte müssen reichen.
Denn so viel wartet da oben.

Der Blick nach unten:
nicht überheblich,
sondern über den Dingen stehend.
Klein sind Häuser, Sorgen, Menschen.
Wie Schweben ist es,
und doch stehen beide Beine auf festem Boden,
selbst wenn Wolken
das Tal und die Abgründe unter sich verbergen.

Keine Angst mehr,
auch nicht vor dem Abstieg.
Dieser Blick in die Weite
wird das Leben beflügeln.

Gute Begleiter

Knut Waldau / Helmut Betz: Berge sind stille Meister. Spirituelle Begleitung beim Weg durchs Gebirge (München 2003)
Bergwanderungen können eine Quelle für spirituelle Erfahrungen sein. Einige Kirchen im Süden Deutschlands bieten »Bergexerzitien« an: Eine traditionsreiche Art der Glaubenserfahrung, eine unaufdringliche Einübung in die christliche Frömmigkeit. Zwei Männer, die seit langem Bergexerzitien durchführen, tragen in diesem Buch ihre Erfahrungen zusammen. Ein Wanderbegleiter mit meditativen Texten und beeindruckenden Fotos. Mit Informationen zu Ausrüstung und Hütten sowie nützlichen Adressen.

Felix Mendelssohn-Bartholdy: Er hat seinen Engeln befohlen (erhältlich von mehreren Interpreten)
Wenn es denn stimmt, dass Engel den Pilger auf seinem Weg behüten, dann müsste sich deren Gesang so ähnlich anhören wie dieses Chorstück. Felix Mendelssohn-Bartholdy, zum evangelischen Glauben konvertierter Jude, hat die Motette komponiert; als Text hat er den 91. Psalm zugrunde gelegt. Wenn es einen Sinn gibt, Musik »geistlich« zu nennen: Hier ist er zu hören.

Bergkristall (Deutschland 2004)
Regie: Joseph Vilsmaier; Darsteller: Dana Vávrová, Max Tidof, Katja Riemann
Der aus dem Böhmerwald stammende Schriftsteller Adalbert Stifter besaß das Talent, die Bergwelt und ihre Bewohner in ihrer ganzen Urwüchsigkeit zu beschreiben. In seiner Novelle »Bergkristall« schildert er die Feindschaft zweier Bergdörfer, die schließlich durch zwei Kinder überwunden wird. Der Verfilmung gelingt es, die rauhe Bergwelt des Buches in dramatische, faszinierende Bilder zu kleiden.

Auf dieser Seite ist Platz für Ihre persönlichen Gedanken.

DIE WÜSTE
AUSHALTEN

Am Anfang war die Wüste

Welchen Sinn mag es haben,
dass so viele
Heilige, Suchende,
Traurige, Verzweifelte
in die Wüste gehen,
sich der Einsamkeit, der Stille,
dem Hunger, dem Durst
aussetzen?

Vielleicht wollen sie zurück
in die Zeit, in der alles begonnen hat,
in der die Erde wüst und leer war.

Vielleicht wollen sie die Urmacht spüren,
die aus dem Nichts das Leben erschuf.

Vielleicht hilft die Wüste,
inmitten des Stimmengewirrs
das Wort zu hören,
das am Anfang war,
und das Licht zu entdecken,
das die Finsternis erhellt.

Ort der Wahrheit

»Wüste?!« Das Kopfkino präsentiert Bilder. Sand, Geröll, Steine, so weit das Auge blickt – unendlich viele Kilometer weit. Sonnenwärme wird vom Boden reflektiert und lässt die Luft flimmern. Trostlosigkeit. Irgendwo die Zweige eines vertrockneten Strauches. Überall Weite – sie lädt nicht ein, sondern schreckt ab. Alles signalisiert Gefahr. Sengende Hitze lässt die Lebenssäfte trocknen. Wer hier lebt, braucht ganz spezielle Strategien: Blitzschnell laufen Ameisen über den Boden, ihre überlangen Beine schützen den Körper vor der Hitze. Skorpione und Schlangen vergraben sich im Sand, bis die erlösende Abendkühle kommt.

Aber auch andere Bilder spult das Kopfkino ab: Wunderschöne Wüstenlandschaften. Dünen, in die der Wind gleichmäßige Rinnen geformt hat. Geriffelter Sand, eingetaucht in das gelbrote Licht der Abendsonne Afrikas. Mittendrin eine Wasserstelle, umrahmt von Palmen. Kamele und Ziegen stellen sich in den Schatten der Bäume. In einem Zelt sitzt eine Beduinenfamilie.

Und wie ist die Wüste wirklich? Wer sie durchquert hat, schildert sie als faszinierenden Lebensraum, der die Bedürfnisse auf heilsame Weise reduziert. Ungeahnte Kräfte werden benötigt – doch verlangsamen sich Lebensprozesse und Gedanken. Plötzlich wird bewusst, was wirklich wichtig ist: Langsamkeit. Wasser. Brot. Schutz vor Sonne am Tag und Schutz vor Kälte in der Nacht. Und ein großer Wille. Mehr nicht. Wüstenerfahrung bedeutet, auf das Wesentliche zurückgeführt zu werden. Ein arabisches Sprichwort bringt es auf den Punkt: »Die Wüste ist der Ort der Wahrheit, wo alle schönen Worte enden und kein Reden stimmt.«

Zu dieser Wahrheit gehört es auch, sich auf eine lange Zeit der Entbehrung einzurichten. Wüste führt den Körper und die Seele an den Rand des Erträglichen. Wege zu kennen wird lebenswichtig: Wege zu den nächsten Wasserstellen und Wege aus der Wüste hinaus. Der »kleine Prinz«, die märchenhaft-weise Figur des Schrifstellers Antoine de Saint-Exupéry, hat eine besondere Erklärung. »Es macht die Wüste schön«, sagt er, »dass sie irgendwo einen Brunnen birgt.« Ihm wird die Wüste ein weiterer Beleg für die Einsicht, dass das Eigentliche unsichtbar ist.

Wem die Wüste Heimat geworden ist, der kennt die Brunnen und Wasserlöcher. Nomaden. Beduinen. Sie haben sich eingefügt in die herbe Natur, ringen ihr das Beste ab und leben in stiller Einheit mit ihr. Sie finden sich zurecht in den Tälern und Weiten, wissen, welche Gefahren lauern und wie sie sich die Sonne nicht zum Feind machen. Obwohl die Nahrung und der Platz im Zelt knapp sind: Gastfreundschaft gehört zu den herausragendsten Eigenschaften der Beduinen. Als seien sie angetreten, der Wüste ein menschliches Gesicht zu geben.

In die Wüste ziehen

Mein Geist will in die Wüste ziehen
und wünscht sich Taubenflügel an;
weil er vor Angst nicht bleiben kann,
da wo die Menschen sich bemühen,
von Gott noch weiter wegzugehen
und niemals bei sich selbst zu sein;
ich kann den Jammer nicht mehr sehen,
und bleibe selbst dabei nicht rein.

Achim von Arnim

Jesus in der Wüste

Seltsam eigentlich: Nach seiner Taufe durch den Bußprediger Johannes beginnt Jesus nicht sofort damit, die Liebe Gottes zu verkünden. Stattdessen geht er in die Wüste. Geht? Nein, »der Geist« »führt« ihn dorthin. »Er sollte vom Teufel in Versuchung geführt werden«, heißt es im Matthäus-Evangelium.

Jesus scheint zu wissen, was ihm bevorsteht. Vierzig Tage und Nächte lang fastet er. Als er hungrig wird, stellt der Teufel ihn erstmals auf die Probe. Warum er denn als Gottes Sohn nicht aus Steinen Brot mache, fragt er Jesus. Der lässt sich nicht beeindrucken. Dann führt der Teufel ihn auf das Dach des Tempels – als Gottes Sohn könne er sich doch herabstürzen, ohne verletzt zu werden! Wieder bleibt Jesus unbeeindruckt. Schließlich verspricht der Teufel Jesus die Macht über alle Reiche der Welt – wenn er sich ihm nur unterwerfe. Auch dieser Versuchung widersteht Jesus. Er verlässt die Wüste und beginnt zu predigen und zu heilen.

Die Wüste bleibt ihm in der Folgezeit ein heilsamer Rückzugsort. Als die Menschenmassen sich zu ihm drängen, zieht er sich in die Wüste zurück und betet. In diese lebensfeindliche Gegend folgt ihm niemand. Eine himmlische Ruhe, ein Refugium für Bedrängte. Das hat auch der Dichter Christian Morgenstern erkannt: »Wenn ich etwas an Christus verstehe, so ist es das: ›Und er entwich vor ihnen in die Wüste.‹«

(nach Matthäus 4, 1-11)

Heilsame Wüstenzeit

Tränen. Nur Tränen. Vier Stunden lang. Sie war auf der Fahrt im Bus durch die südägyptische Wüste, auf dem Weg zwischen Assuan und Abu Simbel. »Die Wüste berührte mein Herz«, erinnert sie sich, »meinen tiefsten Wesenskern; es war ein Nach-Hause-Kommen in die Leere, jenseits des Leids.« Das Leid, das sich durch Tränen den Weg bahnte, hatte sie sechs Jahre zuvor erlebt: Ihr Vater war gestorben. Nach einer schweren Krankheit hatte ihr Mann sie verlassen. Sie war mit vier Kindern allein. Die Situation hatte sie überfordert. Ihre Lebenskräfte waren versiegt. Depressionen verdunkelten ihre Tage und Nächte. In der Wüste fühlte sie plötzlich Frieden. Auch als sie zu Hause war, konnte sie dieses Erlebnis nicht vergessen. Zwei Jahre später fuhr sie wieder los, ließ sich von einem Beduinen allein in der Wüste aussetzen. Alles, was sie dabeihatte, war ein kleines Zelt, ein Schlafsack, ein Flickenteppich, ein Topf Wasser, Streichhölzer, Proviant. Sie blieb zunächst einundzwanzig Tage, in denen die Feuer- und die Tee-Zeremonie die häufigsten Tätigkeiten waren. »An manchen Tagen machte ich einfach nichts, war einfach nur da.«

Zehn Tage lang sah sie keine Menschenseele. Am elften Tag kamen während ihrer Morgenwäsche plötzlich zwei Männer auf einem Kamel vorbei. Dieses »Ereignis« war so unerwartet, dass sie keinen Gedanken fassen konnte und sich nur schnell ein Tuch umwickelte. Angst. Bei den Fremden handelte es sich um einen Großvater und seinen Enkel, die mindestens ebenso erstaunt über die unerwartete Begegnung waren. Sie bot den beiden Tee an. Dann ritten sie weiter. Nach drei Wochen flog sie zurück nach Deutschland. Ihre Sehnsucht nach der Wüste blieb.

Im Jahr darauf reiste sie wieder allein in die Wüste. Sie überwand ihre Ängste. Eines Morgens hörte sie ein tiefes Grollen, wie sie es noch nie gehört hatte. Es folgten einige kraftvolle stoßende Bewegungen der Erde. »Ringsum fielen Steine, klirrten Schieferplatten. Dann war wieder Stille, tiefer als zuvor. Es fühlte sich an, als ob sich auch in mir etwas zurechtgerückt hätte.« Später erfuhr sie, dass es sich um ein Erdbeben der Stärke 6,5 gehandelt hatte. Mitunter begegnete sie einer Herde wilder Kamele. Einmal sah sie voll Entsetzen nur wenige Zentimeter über sich in dem einzigen Baum der Umgebung eine Giftschlange. »Ich brauchte den Schatten des Baumes. Mir blieb keine Wahl, als sie zu töten.«

Bei ihrer nächsten Reise blieb sie bewusst genau vierzig Tage allein in der Wüste. Als Unterkunft hatte sie sich dieses Mal eine Höhle in den Bergen ausgesucht. Kurz vor dem Ende ihres Aufenthalts wurde sie plötzlich von einer Sintflut aus dem Traum geschreckt. Sieben Stunden später war die Höhle überschwemmt. Mit einem großen Kochlöffel grub sie unermüdlich Furchen in den Sand, damit das Wasser abfließen konnte. Irgendwann schlief sie ein.

»Die Wüste schenkt mir Geborgenheit«, sagt sie. Und bekommt nie genug von ihr.

Um eine Erfahrung reicher

Zwei mal zwei Meter. Größer ist die Felsenhöhle nicht. Vor tausendsechshundert Jahren zog hier der erste Mönch ein. Jahrhundertelang lebten seine Nachfolger hier: Eremiten, Wüstenväter, die an diesem Ort sich selbst und Gott näherkommen wollten. Und nun stehe ich in dieser Höhle, eine Plastiktrinkflasche in der Hand, wissend, dass ich am Abend nach dem Essen wieder in meinem weichen Hotelbett liegen werde. Unfassbar, dass auf so kleinem Raum ein Mensch gelebt hat. Über einen Seilzug versorgten die Mönche des darunterliegenden Klosters den Eremiten mit dem Nötigsten.

Ich schwitze: Der Weg hierher war weit. Rund fünfzehn Kilometer durch die gnadenlose Sommersonne. An einigen Stellen gibt es Schatten. Das Flussbett des Wadi Qelt führt nur zur Regenzeit Wasser. Aber das wird in den Steinen gespeichert und versorgt das ganze Jahr über Bäume und Pflanzen mit genügend Feuchtigkeit. Tief unten, zwischen zerklüfteten Felswänden, saftiges Grün. Oben hingegen öde Wüstenlandschaft. Hinter einer Biegung des Canyons bietet sich mir ein atemberaubendes Bild: Wie ein Adlerhorst schmiegt sich ein Kloster in die Felswand. Unter ihm, im Tal, ein blühender Garten. Je näher ich komme, desto mehr ist vom Kloster zu erkennen: der Kirchturm, die Fenster, die Treppen.

Im Kloster begrüßt mich einer der vier orthodoxen Mönche, die hier leben. Er führt mich hinauf zu den Eremiten-Höhlen. In den Fels eingeritzte Zeichen und Buchstaben sind stumme

Zeugen der ehemaligen Bewohner. Hier haben sie gelebt, die Aussteiger von damals, die ihr Hab und Gut und ihre Familien verließen, um in der Wüste Gott zu begegnen. Zunächst fanden sie das Gegenteil. Legenden berichten davon, dass die Eremiten fürchterliche Kämpfe gegen die Dämonen der Gier und der Lust ausfochten. Aber auch davon, dass die Wüstenväter und -mütter (»Abbas« und »Ammas«) als weise Menschen galten. Hilfesuchende nahmen beschwerliche Wüstenreisen auf sich, um von ihnen einen Rat zu bekommen. Die Eremiten antworteten nicht mit dogmatischen Glaubenssätzen, sondern mit wunderschönen Gleichnissen. Da gibt es zum Beispiel die Geschichte zweier Mönche, die einen Eremiten fragen, was er denn in der Wüste an Einsicht gewonnen habe. »Er schwieg eine Weile«, fährt die alte Erzählung fort, »dann goss er Wasser in ein Gefäß und forderte sie auf, sie sollten hineinschauen. Doch das Wasser war noch ganz unruhig. Nach einiger Zeit ließ er sie wieder hineinschauen und sprach: ›Betrachtet, wie ruhig das Wasser jetzt geworden ist.‹ Und sie schauten hinein und erblickten ihr Angesicht wie in einem Spiegel.«

Vielleicht gab es solche Begegnungen auch hier, in der Höhle am St.-Georgs-Kloster am Wadi Qelt, in der ich staunend stehe? Nachdem ich die Leiter wieder hinabgestiegen war, führt mich der Mönch an einem Brunnen vorbei. Ich schaue hinein. Das Wasser ist nicht zu sehen. Es gibt Tee und Kekse im Gästeraum. In der Toilette blicke ich in den Spiegel. »Unrasiert, leichter Sonnenbrand«, denke ich. Aber um eine Wüstenerfahrung reicher.

Sich eigene Wüstenzeiten bewusst machen

In vielen Kulturen wird der Begriff »Wüste« sinnbildlich verwendet für eine Zeitspanne des menschlichen Lebens. Für eine entsagungsreiche Periode, während der das Leben überaus anstrengend ist und viel Durchhaltevermögen verlangt. Zeiten der Krankheit oder der Trennung, des Leidens oder der Trauer. Sie zu durchwandern fordert sämtliche Energiereserven. Menschen, die solche Phasen überstanden haben, sagen, sie seien über sich selbst hinausgewachsen und sie hätten nicht gewusst, wie viele Kräfte in ihnen schlummerten.

Um diese dritte Station zu erpilgern, ist es hilfreich, sich die eigenen Wüstenzeiten bewusst zu machen. Vielleicht haben Sie bereits welche überstanden? Vielleicht durchleben Sie gerade jetzt eine, oder Ihnen steht eine Wüstenzeit bevor?

Ein paar Stunden können schon reichen. Suchen Sie sich einen Raum, in dem Sie ungestört sind. Zünden Sie eine Kerze an. Die Pilgerschnecke können Sie vor sich hinlegen. Vielleicht stimmen Sie sich mit meditativer Musik oder der empfohlenen CD von Loreena McKennitt ein. Welche Assoziationen bekommen Sie, wenn Sie über die Wüstenzeiten in Ihrem Leben nachdenken? Wie haben Sie die Entbehrungen empfunden? Wer oder was wurde Ihnen zur Oase?

Wenn Sie Ihr Leben auf diese Weise Revue passieren lassen, werden viele Bilder aufsteigen. Es lohnt sich, sie festzuhalten.

Lehrmeisterin Wüste

Wüsten nicht fürchten,
sondern schätzen lernen
in Zeiten der Orientierungslosigkeit,
der Verwirrtheit,
des Irrewerdens
an anderen,
an Gott,
an sich selbst.

Entbehrung als Lehrmeisterin achten,
die nichts nimmt, sondern Wesentliches gibt —
nicht durch Worte, sondern mit Entbehrung,
Hunger und Durst.
Zweifeln und kämpfen,
damit am Ende die Seele
geläutert,
gestärkt,
bereichert,
furchtlos
und um das Eigentliche wissend
wieder in das Leben hinausgehen kann.

Anselm Grün: Der Himmel beginnt in dir. Das Wissen der Wüstenväter für heute (Freiburg/Breisgau 2008)
Der deutsche Mönch Anselm Grün begibt sich auf Spurensuche bei seinen Vorgängern, die sich einst freiwillig in die Wüste zurückzogen. Die Einsamkeit und die widrigen Lebensumstände führten sie zu weisen Lebensregeln. Schon zu Lebzeiten waren sie hochangesehene Heilige. Anselm Grün übersetzt ihre Botschaft so, dass sie heute verstehbar wird.

Loreena McKennitt: An Ancient Muse (2006)
Seit vielen Jahren bereist die kanadische Musikerin und Komponistin Loreena McKennitt die Welt. Ihre Songs sind ein Spiegel dieser Reisen; sie nimmt die musikalischen und spirituellen Traditionen der Welt auf und vereint sie zu einem Kunstwerk. Für die CD »An Ancient Muse« fuhr sie unter anderem in die Innere Mongolei. Die dortige Landschaft inspirierte sie zu dem Song »Caravanserei«. Wer ihn hört, wird sich in die Wüste träumen ...

Die Geschichte vom weinenden Kamel (Deutschland/Mongolei 2003)
Regie: Byambasuren Davaa, Luigi Falorni
In der Mongolei wird ein neugeborenes Kamel verstoßen. Um es zu retten, folgt eine Nomadenfamilie in der Wüste Gobi einem alten Ritual: Wenn ein Musiker die Kamelmutter mit seiner Pferdekopfgeige zum Weinen bringt, nimmt sie ihr Junges zurück. Die Kamera begleitet die Familie durch die betörende Landschaft und schaut einfach zu.

Auf dieser Seite ist Platz für Ihre persönlichen Gedanken.

SEXUALITÄT
ERLEBEN

Die Kraft der Sexualität

Sexualität:
Kaum ein anderes Lebensthema
setzt so viele Hoffnungen und Ängste,
so viele Erwartungen und Enttäuschungen frei.
Als lustvoll und zärtlich wird Sexualität empfunden,
aber auch als schmutzig und unrein;
als grenzenlos und glücksfördernd,
als anstrengend und angsterregend.
Verlangen und Ekstase
können Liebende tiefste Verbundenheit spüren lassen.
Andere hingegen erleben Sexualität
als Laster und Versuchung
und scheuen sich, ihre Gefühle auszuleben.

Sexualität kann zerreißen und heilen,
zerstören und vereinigen,
kann anziehen und abstoßen
und Menschen vollends aus der Bahn werfen.

Sexualität ist eine der treuesten Begleiterinnen
auf unserem Pilgerweg,

an dessen Ziel unendliche Liebe wartet.

Fühlen und Erleben

Nicht denken. Nur fühlen. Die Grenzen verwischen. »Wo beginnst du, wo ende ich?« Unbändige Lust. Liebesrausch, die Zeit steht still. Einssein, ohne Wenn und Aber, ohne Zweifel und Vorbehalt. Ein unentwegtes Geben und Nehmen – was ist schöner: Die Liebe des anderen zu empfangen oder selbst Liebe zu geben? Liebesschwüre dem anderen zuflüstern, für immer und ewig und noch länger. Hände und Haut überall, alle Sinneszellen sind in Alarmbereitschaft. Fremdheit weicht unendlichem Vertrauen. Sich verwundbar machen und gleichzeitig heil werden im Rausch der Berührungen und Küsse, der Wärme und Feuchte, der Düfte und des Glücks. Und nach dem Gipfel der Lust erschöpft und erfüllt einander in die Arme sinken, dem Vibrieren in Körpern und Seelen nachspüren. Dankbarkeit empfinden für die Lust, für die Nähe, für den Geliebten, die Geliebte.

Aber was, wenn die Leichtigkeit der Lust der Routine weicht? Mühsam versuchen viele Paare, die Leidenschaft aufrechtzuerhalten. Aber die will nicht mehr, der Alltag hat sie eingeholt, die Luft aus Wolke sieben ist raus. »›Guter Sex‹: Wie funktionierte der doch gleich? Warum werden Höhepunkte plötzlich zum Orgas-muss? Und warum fühle ich mich nach dem Sex so ausgelaugt wie nach einem Arbeitstag?« Bald lauern Migräne, Müdigkeit und Versagensängste. Die Lust weicht dem Frust. Sex und Spaß? »Stimmt, da war doch mal was ...«

Schweigen im Walde, Träume versiegen, Sex wird zur Befriedigungsroutine. Nicht alle geben sich damit zufrieden. Fragen tauchen auf. Für Paartherapeuten gehören diese zum Alltagsgeschäft: »Männer fragen mich nach der erogensten Zone bei der Frau. Was beim Sex erlaubt sei. Wie lange das Vorspiel dauern muss. Und wie lange ein Mann ohne Sex auskommen kann?« Große Verunsicherung auch bei Frauen. Sie fragen: »Was empfinden Männer beim Sex? Soll ich ihn eifersüchtig machen, damit er mich wieder anschaut? Warum kann er nicht kuscheln, ohne an Sex zu denken? Wo sind meine Wildheiten und Verrücktheiten geblieben?« Und was, wenn die Erotik erstarrt ist, der Zauber des Anfangs sich in liebevollem, aber lustlosem Wohlgefallen auflöst?

Wenn Therapeuten Seminare für Paare anbieten, blicken sie oft in ratlose, resignierte Gesichter. »In einem solchen Klima verdorrt die Sexualität wie eine Steppe!«, berichtet einer. Die Botschaft der Experten und der Erfahrung: »Gute Sexualität bedarf der Pflege. Sexuelle Störungen lassen sich durch das Begreifen unserer Bedürfnisse und unserer Beziehungsgeschichte beseitigen.«

Das Wichtigste ist, miteinander zu sprechen über die Dinge, die an-, auf- und erregen: verborgene Träume und unterdrückte Triebe, alte Wunden und neue Wonnen. Die Vorstellungskraft herauszufordern. Um endlich wieder zu erleben und nicht zu denken. Um zu fühlen, wie die Grenzen verwischen. Dankbarkeit empfinden: für die Lust, für die Nähe, für den Geliebten, die Geliebte.

Leise Wünsche

Leiser Wünsche süßes Plaudern
hören wir allein und schauen
immerdar in sel'ge Augen,
schmecken nichts als Mund und Kuss.
Alles, was wir nur berühren,
wird zu heißen Balsamfrüchten,
wird zu weichen zarten Brüsten,
Opfer kühner Lust ...
Und in dieser Flut ergießen
wir uns auf geheime Weise
in den Ozean des Lebens
tief in Gott hinein.

Novalis

Das Hohelied der Liebe

Das »Lied der Lieder« oder »Das Hohelied«: So heißt jene Dich-
tung im Alten Testament, die von der innigen Zwiesprache des
weisen Königs Salomon und seiner Geliebten Sulamith erzählt. Es
ist eines der schönsten Loblieder der Weltliteratur auf die erotische
Liebe. Und das einzige Buch der Bibel, in dem der Name Gottes
nicht auftaucht.

Sie:
Bedecke mich mit den Küssen deines Mundes,
denn deine Liebe ist süßer als Wein.
Deine linke Hand liegt unter meinem Haupt,
und deine Rechte liebkost mich.
Ich gehöre meinem Geliebten, und er begehrt mich.
Komm, mein Geliebter, wandern wir auf das Land,
dort werde ich dir meine Liebe schenken.

Er:
Wie Trauben am Weinstock seien mir deine Brüste
und dein Atem wie der Duft eines Apfels;
dein Mund wie köstlicher Wein.
Dein Schoß ist wie ein Becher, dem nie der Wein ausgeht.
Lege mich wie ein Siegel auf dein Herz.

Liebe ist stark wie der Tod –
und Leidenschaft unwiderstehlich wie das Totenreich.

(nach Hohelied)

Ohne schlechtes Gewissen

Im Alter von vierzehn Jahren geriet sie in eine strenggläubige christliche Jugendgruppe. »Ich konnte regelrecht spüren, dass sich dort alle liebten und mir viel Wärme entgegenbrachten. Das öffnete mir das Herz für alles, was sie sagten, dachten und lebten.« Sie bekehrte sich zu Gott und nannte sich fortan »wiedergeborene Christin«. Zum Glauben der Jugendgruppe gehörte auch die Lehre, dass Gott für jeden Menschen einen »wunderbaren Heilsplan« vorgesehen habe. Darin sei auch der Ehepartner oder aber die Ehelosigkeit vorherbestimmt. Wer diesen Plan unterlaufe, werde mit einem Leben in Sünde und Unglück bestraft.

Ein Traktat kursierte unter den Jugendlichen: »Der gottgemäße Weg in die Liebe«. Vor der Verlobung dürfe man sich nicht küssen, hieß es darin, und solle sich am besten auch nicht mit dem geliebten Menschen alleine treffen. Miteinander schlafen dürfe man sowieso nur in der Ehe – sonst liefe man Gefahr, mit einem »falschen Partner« Geschlechtsverkehr zu haben. »Tragödien spielten sich bei einigen von uns ab«, erinnert sie sich und erzählt von einem Paar, das beim Sex ertappt wurde. Erniedrigende Bußpredigten mussten die Verliebten ertragen. »Gott und Sexualität wurden gegeneinander ausgespielt. Immer wenn erotische Gefühle aufkamen, folgte sofort das schlechte Gewissen, und die ›Klarheit‹, dass man füreinander bestimmt war, verschwand. Diese Verzweiflung führte dann unweigerlich zur Trennung, denn wie sollten wir die Zerrissenheit zwischen Verbot und Gefühl, zwischen Gott und Freund oder Freundin aushalten?«

Das alles ist mittlerweile dreißig Jahre her. Als sie sich vor kurzem mit einem ehemaligen Freund aus der Jugendgruppe traf, platzte aus ihm heraus: »Alles drehte sich doch nur um das, was in der Hose passiert. Der Glaube, wie wir ihn verstanden, wurde in keiner Weise dem Menschen in uns gerecht!« – »Das trifft den Nagel auf den Kopf«, meint sie heute, »wie verwerflich war zum Beispiel das Bewusstsein, schöne und lebendige Körper zu haben! Wie sträflich, sich figurbetont anzuziehen oder sich zu schminken! Sich selbst zu mögen war verpönt.«

Durch Kontakte mit weniger strenggläubigen Christen war sie schließlich ins Grübeln gekommen. »Mein eigentliches Damaskus-Erlebnis«, erzählt sie, »das nicht nur meine Gedanken, sondern auch mein Herz befreite und aufleben ließ, machte ich, als ich mich über die Moral der Jugendgruppe hinwegsetzte. Das erste Mal schlief ich mit einem Mann, meinem zweiten Freund. Noch nie hatte ich mich Gott so nah gefühlt wie in diesem Moment; noch nie war ich so sehr von innerer Freude erfüllt wie in dieser Nacht und am nächsten Morgen und den kommenden Tagen und Wochen. Man hatte uns vorausgesagt, dass der Geschlechtsverkehr eine große Sünde sei, dass man sich mit diesem Akt unendlich weit von Gott entferne. Nun spürte ich genau das Gegenteil: Ein tiefes Gefühl von Angenommensein machte sich in mir breit und hat mich seitdem nicht mehr verlassen.«

Erfüllte Sexualität

Nein, so stoffelig konnte ich nicht einmal mit meinen elf Jahren sein, dass ich mein Biologiebuch zu Hause verlieren würde. Ich sah schon mein Taschengeld schwinden für den Kauf eines neuen. Dann klärte sich der Verlust auf. Meine Großmutter, die im selben Haus wohnte, hatte es an sich genommen. Die freizügigen, wenngleich sachlichen Nacktbilder von Mann und Frau und deren primären und sekundären Geschlechtsteilen hatten die 1898 geborene Oma alarmiert, nun wollte sie sie vor mir verbergen.

Vielleicht hing es damit zusammen, dass ich mir daraufhin »Dr. Sommer« zum persönlichen Sex-Berater auserkoren habe. Wer, wenn nicht er, antwortete denn auf Fragen, die weder ich noch jemand anders aus meinem pubertierenden Umfeld sich getraut hätte, offen zu stellen? Es ging um die Grundbegriffe: um Techniken und Methoden, aber auch um Versagensängste, Vertrauen und Verhütung. Und immer wieder um die Frage, die mich und meine Freunde, allesamt an der Schwelle zum Erwachsensein, am meisten quälte: Bin ich eigentlich normal mit meinen Fragen und Phantasien? Mit gebotenem Maß, aber unerhörter Freiheit weihte uns »Dr. Sommer« in die Geheimnisse der Sexualität ein – in die eigenen und die des anderen Geschlechts. Bravo. Und Gott sei Dank! Erst viel später erfuhr ich, dass der Teenie-Berater Religionslehrer und Psychotherapeut ist.

Über dreißig Jahre auf meinem Pilgerweg liegen diese Ereignisse zurück. Fest steht: »Dr. Sommer« gelang es, den Schleier, der über dem Tabu Sexualität lag, zu lüften. Aber entzaubern konn-

te er das Thema nicht. Im Gegenteil: Je entgrenzter Sexualität öffentlich präsentiert wird, als umso größer und unverfügbarer empfinde ich das Geheimnis erfüllter Sexualität. Grell, schnell und allzeit bereit sollen Mann und Frau sein; mit allen Tricks versuchen Werbemacher, Sex zum Kaufanreiz oder Konsumartikel zu degradieren. Die Grenzen zwischen Pornographie und Werbung werden fließend. Wer sich dem Diktat ständiger Lust und Verfügbarkeit entzieht, gilt als unnormal. Viagra und Love-Toys verheißen nimmer endende erotische Abenteuer. Täglich prasselt ein Bildersturm sexueller Möglichkeiten auf mich ein.

Und irgendwie verstehe ich meine Großmutter von damals. Indem sie mir das Schulbuch mit den nackten Körpern vorenthielt, wollte sie nur eine zu ihrer Zeit gültige Schamgrenze einhalten. »Scham«? Ein Begriff, der mittlerweile altmodisch klingt. Aus gutem Grund: Allzu oft wurde (und wird) Verklemmtheit und Sprachlosigkeit mit dem Begriff der Scham mühsam moralisch übertüncht.

Dabei wird übersehen: Scham kann auch eine wichtige Schutzfunktion haben: Sie ist eine Wächterin auf dem Weg zur Seele. Erst recht beim Sex, dieser intimsten Nähe zweier Menschen. Es könnte sein, dass sich das dauerhafte Überschreiten der Schamgrenze rächt: indem Sexualität nur Technik bleibt, handhabbar, äußerlich, mit beliebig wechselnden Partnern. Sexualität erleben ohne Zwang und Normen, nur von Vertrauen, Leidenschaft und Liebe beseelt; die eigenen Schamgrenzen erkennen und mit einem geliebten Menschen lustvoll überschreiten: eine Pilgerstation, die Kraft schenkt für den weiteren Weg.

Ein Pilgertag für den Körper

Sexualität ist zwar ein Geschenk des Himmels. Aber sie müssen nicht warten, bis sie quasi aus den Wolken heranschwebt ohne jedes eigene Dazutun.

Ob alleine oder fest liiert: Nehmen Sie sich Zeit für Ihre Sinne. Sagen Sie alle Verpflichtungen ab. Ihre Sorgen und Probleme können Sie nicht auf die Schnelle beheben – aber Sie können versuchen, ihnen die Macht zu nehmen. An diesem Tag sind Sie nur mit sich selbst verabredet. Eine Verabredung mit dem Menschen, mit dem Sie Ihr ganzes Leben lang zusammen sein werden.

Was würden Sie ihm gerne gönnen? Ein entspannendes Bad, einen Saunagang, Pflege und Düfte? Gönnen Sie sich ungestörte Stunden in wohliger Atmosphäre mit Kerzen, Musik, weichen Handtüchern, warmem Wasser und duftenden Ölen.

Genießen Sie die Zeit mit sich. Schenken Sie sich, was Sie viel zu oft vermissen. Nehmen Sie Verbindung mit Ihrem Körper auf. Sie werden fühlen, was ihm fehlt. Und Sie werden mit allen Sinnen beobachten, wie sich Ihre Seele entfaltet, wenn Sie Ihrem Körper Gutes tun. Beherzigen Sie die tiefe Berechtigung des biblischen Satzes: »Liebe deinen Nächsten wie dich selbst.« Denn nach Ihrer Verabredung mit sich selbst werden Sie Ihrem Partner wie verwandelt begegnen.

Erfüllt

Was für eine Irreführung:
Sexualität sei die schönste Nebensache der Welt.
Sie ist eine der wichtigsten Stationen
auf dem Weg zu Reifung.

Erfüllte Sexualität
entfacht Lebensenergien,
lässt uns zu uns selbst kommen
und zu unserem Geliebten,
stellt den Kontakt zu jener Macht wieder her,
die die Welt erschaffen hat,
auch Mann und Frau.

Erfüllte Sexualität
schenkt eine Ahnung davon,
was es bedeuten könnte,
vereint zu sein
mit sich,
mit dem anderen,
mit dem Kosmos.

Mathias Jung: Liebesrausch und Liebeskater. Lust und Last der Sexualität (Lahnstein 2006)
Der erfahrene und lebensfrohe Psychotherapeut Mathias Jung hat seine jahrzehntelangen Erfahrungen aus der Paartherapie zusammengetragen. Mit Ernst und Leichtigkeit beschreibt er, wie Paare sich das Leben im Bett schwermachen. Rezepte bietet er nicht, sondern versucht, das Problem zu entdramatisieren: »Unternehmen wir von Zeit zu Zeit Expeditionen in den animalischen Dschungel unserer Phantasie, akzeptieren wir den Liebesrausch und den Liebeskater, die Lust und Last der Sexualität.«

Leonard Cohen: Ten New Songs (2003)
Songs wie die Stimmung am Morgen nach einer wundervollen Liebesnacht. Vielleicht liegt es daran, dass Songwriter Leonard Cohen sie frühmorgens bei Sonnenaufgang in seinem Studio aufgenommen hat. Cohens Stimme klingt wie von Liebe und Weisheit durchdrungen. Seine Musik spiegelt die Spiritualität des jüdischen Kanadiers, der zwischen christlicher Mystik und buddhistischem Lebensgefühl schon viele Spielarten des Glaubens kennengelernt hat.

Der große Bagarozy (Deutschland 1999)
Regie: Bernd Eichinger; Darsteller: Corinna Harfouch, Til Schweiger
Ein Patient führt die sexuell frustrierte Psychotherapeutin Cora ins Reich wildester sexueller Phantasien und unerfüllter Sehnsüchte. Am Ende ist ihr Leben völlig aus den Fugen geraten – und der Patient als Leibhaftiger entlarvt, der sich aus seiner Rolle des Teufels befreien möchte. Kunstvoll gestrickt, erotisch dargestellt und trotz aller Abstrusität aus dem Leben gegriffen.

Auf dieser Seite ist Platz für Ihre persönlichen Gedanken.

IM KLOSTER
EINKEHREN

Kloster

So viele Bilder entstehen im Kopf:
Männer und Frauen,
die sich mit Leib und Seele
Gott verschrieben haben,
die nicht ein Fleisch sein wollen
mit einem anderen Mann, einer anderen Frau,
sondern eins sein möchten mit Christus.

Männer und Frauen,
die beten und arbeiten, arbeiten und beten,
die sich selbst genügen, um Gott zu gefallen –
tagaus, tagein.

Sie leben in der Stille
und gleichen ihren Tagesablauf
dem ewigen Rhythmus von
Tag und Nacht an.

Gründe genug,
die Faszination eines Klosters selbst zu erleben
und die Bilder im Kopf
an der Wirklichkeit zu überprüfen.

Wunderbare Vielfalt

Zum Beispiel die Erzabtei St. Ottilien. »Missionsbenediktiner« leben hier. Erhaben ragt der mächtige Turm der Klosterkirche fünfundsiebzig Meter aus dem oberbayerischen Panorama; bei guter Sicht reicht der Blick bis zu den Alpen. Eine fromme Enklave hinter dicken Mauern, aber keineswegs abgeschlossen von der Welt. Viele Neugierige und Bewohner der umliegenden Dörfer kommen täglich hierher, besuchen die Gottesdienste oder lassen sich von den Mönchen in die Exerzitien einweihen – Übungen, die Glaube und Alltag verbinden helfen. Landwirtschaft, eine Schreinerei, eine Metzgerei, eine Autowerkstatt und ein Verlag. Die Mönche von St. Ottilien versorgen sich selbst. Und folgen dem Grundsatz ihres Ordensgründers Benedikt: »Ora et labora.« Aus »Gebet und Arbeit« besteht der Tagesablauf. Morgens um 4.50 Uhr läutet die Glocke, abends um 20.15 Uhr beginnt die Ruhezeit. Zum Kloster gehört ein Internat – eines der wenigen, auf denen Chinesisch als Fremdsprache gelehrt wird. Warum? Weil das Kloster gute Beziehungen zu China hat. Im Kloster-Gästehaus können männliche und weibliche Besucher einige Tage oder Wochen verbringen.

Zum Beispiel Amelungsborn. Ein evangelisches Kloster? Ja, das gibt es. Der Reformator Martin Luther verurteilte keineswegs das klösterliche Leben – wohl aber »den knechtischen Gebrauch der Klostergelübde«. So hat sich mitten im Weserbergland eine evangelische Klostergemeinschaft zusammengefunden. Männer und Frauen, die ihrem Beruf und Alltagsleben nachgehen und sich in regelmäßigen Abständen im Kloster treffen. Sie stellen sich in die Tradition des Zisterzienserordens. Als Motto haben sie sich einen alten Mönchsgruß gewählt: »Porta patet, cor magis« – »Die Pforte steht offen, noch weiter das Herz«. Kein Wunder also, dass immer mehr Gäste kommen: Sie besichtigen die mittelalterliche Kirche und den blühenden Klostergarten, erleben ein paar Tage »Kloster auf Zeit«. Oder wandern auf dem evangelischen Pilgerweg »Loccum – Volkenroda« und nutzen das Gästehaus in Amelungsborn als Herberge.

Zum Beispiel Taizé. Gleich neben dem Dorf in den Hügeln des Burgund hat der reformierte Theologe Roger Schutz 1949 mit Gleichgesinnten eine ökumenische Kommunität gegründet. Die Brüder, die ihr angehören, verpflichten sich zu einem Leben in Einfachheit und Ehelosigkeit. Schon bald übte Taizé hohe Anziehungskraft auf Jugendliche aus. Die Taizé-Brüder luden junge Menschen aus aller Welt zu einem »Pilgerweg des Vertrauens auf der Erde« ein. In jedem Jahr versammeln sich wöchentlich Tausende junge Leute in Taizé und leben nach dem Rhythmus von Gebet, Bibelarbeit und Andacht. Sie schlafen in einfachen Unterkünften; Ehrenamtliche sorgen für die Verpflegung. Bei den Gottesdiensten singen und beten die Besucher stundenlang. Auch Jugendliche, die keinen Zugang zum christlichen Glauben haben, zeigen sich beeindruckt von der schlichten Taizé-Frömmigkeit.

Das Kloster soll, wenn möglich,
so angelegt werden, dass sich alles Notwendige,
nämlich Wasser, Mühle und Garten,
innerhalb des Klosters befindet
und die verschiedenen Arten des Handwerks
dort ausgeübt werden können.

Benedikt von Nursia

Ein Mönch ist ein Mensch,
der sich von allem getrennt hat
und sich doch mit allem verbunden fühlt.

Evagrius von Pontus

Den Glauben leben

Das christliche Mönchtum reicht bis ins dritte Jahrhundert zurück – aber nicht bis in die Urchristenheit. Doch schon bald nach dem Tod Jesu tauchten Fragen und unterschiedliche Antworten auf, wie der christliche Glaube denn zu leben sei. Aus den Briefen, die der Apostel Paulus an verschiedene Gemeinden des Mittelmeerraumes schrieb, wird deutlich: Es gab unterschiedliche Begabungen und unterschiedliche Frömmigkeitsformen der Christen, ebenso »Schwache« und »Starke« im Glauben, die miteinander um den rechten Glauben stritten. Paulus schlichtet diese Auseinandersetzungen, indem er jede Art von Rangfolge in Glaubensdingen ablehnt. Niemand solle sich seines Glaubens rühmen, empfiehlt er. Es gebe viele verschiedene Begabungen (»Charismen«), die vor Gott gleich viel gelten würden.

Verschiedenheiten im Blick auf den Glauben seien völlig unwesentlich, meint Paulus: *Hier ist nicht Jude noch Grieche, hier ist nicht Sklave noch Freier, hier ist nicht Mann noch Frau; denn ihr seid allesamt einer in Christus Jesus.*

Würde Paulus heute noch leben, würde er womöglich diesen Spruch mit einem weiteren Halbsatz ergänzen: *Hier ist nicht Mönch noch Familienvater, nicht Nonne noch Ehefrau …*

(nach Galater 3, 28)

Meditation und Leberkäse

Gestern saß sie noch auf ihrem Sofa in der warmen Wohnung. Jetzt sitzt sie in einer kalten Kirche. »Bitte warme Kleidung mitbringen!«, stand auf der Einladung; sie hat allen Grund, Gott dafür zu danken, dass er sie diesen Satz ernst nehmen ließ. Hinter den barocken Säulen sind die einundzwanzig Mönche des Benediktiner-Klosters in die Kirche eingezogen und haben sie mit ihren himmlischen Gesängen so entrückt, dass es ruhig noch ein paar Grade kälter werden könnte. »Nur nicht einlullen lassen!«, denkt sie. Schließlich fühlt sie sich mit zweiundvierzig Jahren unabhängig vom christlichen Glauben, der ihr in der Jugend eingeimpft wurde. Als intellektuell und kirchenkritisch bezeichnet sie sich heute. Aber von den »Meditationstagen im Kloster« hatte sie sich angesprochen gefühlt. Sie erinnert sich an selige Kindertage, als noch kein Fragezeichen hinter dem Wort »Gott« stand und das Glauben leichtfiel, weil täglich Wunder geschahen.

Der Meditations-Aufbaukurs »Alles anbetet und schweiget« steht auch »suchenden Nichtchristen« offen, hieß es in der Einladung. »Meditation heißt die heute gängige Annäherung an die himmlischen Heerscharen«, denkt sie. Nach den gregorianischen Gesängen zur abendlichen »Vesper« in der Kirche treffen sich die fünfundzwanzig Leute, die vier Tage miteinander meditieren wollen, bei Spiegelei, Leberkäse und Kräutertee im Hospiz des Klosters. Sie meinen es ernst mit dem »In-die-Tiefe-Gehen«, mit dem »Still-Werden«.

Am nächsten Tag sitzt sie im Halbkreis mit den anderen: Decke unter den Knien, Hände im Schoß, Augen geschlossen. Ein Pater, mit über siebzig Jahren so fit wie ein Jüngling, liest ein Bibelwort. »Vom Osten habe ich sehr viel gelernt«, sagt er, verneigt sich vor der Christusfigur und schlägt den Gong. Dreißig Minuten Schweigen und Versenkung, eine halbe Stunde Bewegungslosigkeit. Ein hartes Stück Arbeit. Fünfmal am Tag wird meditiert. Dazwischen Kirchgänge, Spaziergänge, Mahlzeiten, Schweigen.

Sie atmet, versucht, sich keine Gedanken zu machen, aber die Gedanken lassen sich das nicht bieten. »Mein Leben sei ein Wandern«, das Mantra, das sie aus- und einatmet, wird immer wieder verdrängt von Alltagsbildern. Chaos im Kopf. Eine halbe Stunde ist doch keine Ewigkeit!

Am Morgen des dritten Tages stellt sie leichte Suchterscheinungen fest. Sie genießt die Stille, die geballte Konzentration beim Meditieren. So aufgeweckt ist sie nur selten in einen neuen Tag gegangen. »Kontemplation ist ein christlicher Weg zur Gotteserfahrung auf den Spuren abendländischer Mystiker«, steht im Kursprogramm, »Kontemplation ist eine gegenstandsfreie Form des Betens«. Sie ist verwirrt und beeindruckt, fühlt sich mal wie im finsteren Mittelalter, mal wie in einer neuen Zeit. Ein Phänomen, erfahrbar nur im Glauben? Viele der Teilnehmer sind davon überzeugt.

Am Abend gibt der Pater einen Rat für den Umgang mit dem Glauben: »Rede nicht von Gott, sondern verhalte dich so, dass du nach ihm gefragt wirst.« Sie hätte noch viele Fragen.

Eine neue »Karriere«

Malaga. Vierunddreißig Grad im Schatten. Mit dem Leihwagen unterwegs in Richtung Norden. Die Autobahn führt durch braune Berge, alle paar Kilometer künden Stier-Kulissen vom Stolz Andalusiens. Spärliche Vegetation, ab und an schmiegen sich Dörfer in die Hänge. Nach siebzig Kilometern erreiche ich die Kleinstadt Antequera. Die Geschäfte und Fensterläden sind geschlossen. Siesta. Es ist Mittagszeit, nur wenige Menschen trauen sich bei der Hitze auf die Straße. Aus dem Meer von braunen Häusern ragen unzählige Kirchtürme heraus. Einer von ihnen gehört zum Kloster des Trinitarier-Ordens. Gemeinsam mit drei Ordensbrüdern lebt hier Bruder Tonio. Ein Deutscher, vierzig Jahre alt, aus gutem Hause. Um zwei Uhr sind wir verabredet. Aber kann dieser rotblonde Hüne in Jeans und Hemd, der mit energischem Gang aus der Klostertür kommt, tatsächlich dieser Tonio sein? Per Mail hatten wir uns verabredet, Bilder eines asketischen Mönchs schwirren in meinem Kopf – und werden binnen Sekunden ausradiert. »Hallo, ich bin Tonio!«

Er führt mich in die Kühle des alten Gemäuers. In die prächtige Kirche, Zeugnis des auf Heiligenverehrung konzentrierten spanischen Katholizismus. Dann in den Wohntrakt der Mönche, dicke Wände, ein kleiner Andachtsraum, Tonios kleine Zelle mit dem Nötigsten: ein paar Bücher, Kleidung, ein einfaches Bett. Hier erzählt er mir seine ungewöhnliche Lebensgeschichte.

Einunddreißig Jahre alt war er, als ihn der »Ruf Gottes« ereilte und ihn von den ersten Stufen der Karriereleiter auf den

Weg des radikalen Glaubens herunterstieß. Als PR-Fachmann trieb es ihn in der Mittagspause in eine Kirche der Frankfurter Innenstadt. Er öffnete die schwere Tür, Kühle und Weihrauchduft strömten ihm entgegen. Am Altar entdeckte er ein Bild, das ihn auf geheimnisvolle Weise anzog. Das Mosaik zeigte Christus, an seinen Händen zwei Sklaven haltend, deren Ketten durchtrennt sind. Drei spanische Mönche des Trinitarier-Ordens standen dem Geschäftsmann Rede und Antwort. Ihr einfaches Leben faszinierte Tonio. Statt sich nur in Frömmigkeit und Dogmatismus zu ergehen, widmeten sich die Geistlichen der Welt. Sie halfen illegalen Flüchtlingen, die in der Mainmetropole gestrandet waren. Um ihnen beizustehen, scheuten die Ordensbrüder nicht einmal den Weg in Gefängnisse und Abschiebelager. Die Mönche enträtselten dem faszinierten Yuppie auch das Geheimnis des Mosaiks: Der Trinitarier-Orden war seit seiner Gründung zur Zeit der Kreuzzüge damit beauftragt, Sklaven und Gefangene zu befreien. Schließlich hatte vor knapp zweitausend Jahren Jesus bekundet: »Der Geist des Herrn hat mich gesandt, zu predigen den Gefangenen, dass sie frei sein sollen.« – Tonio spürte, dass dies auch seine Bestimmung war. Er gab seinen Beruf auf und begann eine neue »Karriere«. Die führte ihn nicht in gutbezahlte Jobs, sondern zu sich selbst und nach Antequera.

Dann zeigt er mir den Trakt im Kloster, in dem strafentlassene Ausländer eine Heimstatt finden. Auch afrikanische Flüchtlinge werden hier von den Mönchen betreut.

Als ich aus dem kühlen Gemäuer wieder hinaustrete, bin ich befreit von vielen Klischees über das Klosterleben.

Die Klostertüren stehen offen

Auch in Ihrer Nähe befindet sich ein Kloster.

Wenn Sie nicht wissen, wo das nächste ist: Im Buchhandel gibt es viele »Klosterführer«. Besorgen Sie sich einen, lesen Sie sich ein in die Welt der Klöster in Ihrer Nähe. Ganz unterschiedliche Angebote machen die Klöster ihren Gästen. Einige laden ein, eine gewisse Zeit am Klosterleben teilzunehmen. Andere bieten Seminare zu Glaubensfragen an. Wieder andere vermieten Zimmer mit Halbpension, so dass die Gäste sich ihren Tag frei einteilen können. Inzwischen gibt es sogar Klöster mit Wellness-Angeboten.

Schlägt Ihr Herz bei einem dieser Angebote höher? Dann nehmen Sie es ernst und melden Sie sich an.

Es kann auch sein, dass Sie ein Kloster in eigener Regie erkunden möchten, vielleicht an einem Wochenende. Nehmen Sie sich Zeit für Ihren ganz persönlichen Klostertag. Stehen Sie so früh auf, dass Sie am Morgengebet teilnehmen können. Erkunden Sie das Klostergelände und die Umgebung. Würde es Sie reizen, hier zu leben? Was würden Sie vermissen? Was wertschätzen? Kommen Sie mit Brüdern oder Schwestern ins Gespräch, meistens gibt es Beauftragte für Gäste, Kontakt finden Sie leicht im Klosterladen. Fragen Sie alles, was Sie interessiert, es verpflichtet Sie zu nichts.

Am Abend werden Sie mehr wissen über dieses Kloster. Und über sich selbst.

Balsam für Körper und Seele

Alle christlichen Pilgerwege
führen an Klöstern vorbei.
Pilger finden dort
ein Dach, ein Bett,
Wein und Brot,
ein freundliches Wort,

damit Körper
und Seele Frieden finden.
Eine Pilgerreise
beansprucht beide
in hohem Maße,
führt beide an die Grenzen
ihrer Belastbarkeit.

Da ist es gut,
auszuruhen,
so wie es schon abertausende
Pilger vor uns getan haben,
denen der Geist des Klosters
Balsam für die Wunden
des Körpers und der Seele wurde.

Peter Seewald / Uli Hauser (Hg.): Die Spiritualität der Mönche (München 2004)
Worin besteht eigentlich die Faszination klösterlichen Lebens? In der Lehre und Weisheit, nach der die Ordensleute leben. Zwei Top-Journalisten schildern einfach und einfühlsam das Wissen der Mönche, geben Einblick in die Geschichte der abendländischen Spiritualität und zeigen anhand von neun Lektionen, wie sich Grundweisheiten klösterlichen Lebens in unseren Alltag integrieren lassen.

The Hilliard Ensemble / Jan Garbarek: Officium (1994)
Vier wunderbar reine Stimmen singen Chorsätze aus dem 13. Jahrhundert; durch die mittelalterlichen Gesänge schlängelt sich erst wie ein Fremdkörper, dann wie eine fünfte Stimme ein Saxofon. Das weltberühmte Hilliard-Ensemble traf sich mit dem preisgekrönten Jazzmusiker Jan Garbarek in der Abgeschiedenheit des österreichischen Klosters St. Gerold. Die Intensität der Musik entführt akustisch in klösterliche Gemäuer und in geistliche Sphären.

Katholiken (Großbritannien 1973)
Regie: Jack Gold; Darsteller: Martin Sheen, Trevor Howard
Im Auftrag des Vatikans soll ein junger, dynamischer Priester eine Abtei vor der Küste Irlands ins Zeitalter der Moderne bringen – wenn nötig, mit Druck. Der dortige Abt und seine Mönche wehren sich und haben gute Gründe. Denn immer mehr Menschen fühlen sich von den lateinischen Messen der Abtei angezogen. Es kommt zu einem unerwarteten Showdown zwischen altgläubigem Abt und modernem Kleriker. Ein mitreißender Film, nicht nur wegen der atemberaubend schönen Bilder des Inselklosters.

Auf dieser Seite ist Platz für Ihre persönlichen Gedanken.

6. Station

AUF REISEN
GEHEN

Reisen

weg, weit weg,
bis hinter den Horizont.

Warum eigentlich
übt die Ferne eine so große
Anziehungskraft aus,
dass manchmal kein Weg zu weit ist
und kein Aufwand zu groß,
um ins Unbekannte zu gelangen?

Womöglich,
weil der Alltag zu vertraut ist
und das Fremde zu kurz kommt,
weil das Nächstliegende langweilig erscheint
und das Ferne außergewöhnlich.

Eine Reise
entlarvt diese Sicht als Trugschluss;
sie führt zwar in die Fremde,
aber dort lehrt sie,
wie wir die Fremdheit uns selbst gegenüber
überwinden können.

Sich auf den Weg machen

Reisen. Vielleicht so: Den Reiseprospekt durchgeblättert, dann Flug und Hotel im Reisebüro zum Pauschalpreis gebucht. Minutiös den Weg geplant; das Zimmer ist bereits durch Katalogfotos vertraut, das Buffet steht wie bestellt im Speisesaal. Da kann wenig schiefgehen. Die Wege in den Ort und an den Strand sind mehrsprachig ausgewiesen. Eine deutschsprachige Reiseleitung kümmert sich um Ausflüge. Ein klimatisierter Reisebus steht vor dem Hotel und holt Gäste zur »Erlebnisfahrt« zu einer Sehenswürdigkeit ab. Dort warten freundliche Einheimische mit kalten Getränken. Bei der Rückreise kümmern sich Hotelboys um das Gepäck. Heimkommen und die Erholung spüren.

Oder so: Dem Fernweh nachgespürt und das Land, die Stadt der Sehnsucht gefunden und Wege dorthin erkundet. Die Fahrt organisiert: Fahrrad, Zug oder Flugzeug? Dann allein unter Fremden. Entsprechen die eigenen Vorstellungen der Realität? Die wenigen Wörter der fremden Sprache reichen aus, um sich Essen zu besorgen und ein Zimmer zu mieten.

Auf den Märkten das Land riechen. Im Restaurant unbekannte Gerichte probieren. In die Gesichter der Menschen sehen, ihre Andersartigkeit wahrnehmen, mit Neugier statt Angst. Ihnen begegnen, im Café, im Laden. Keinen Öffnungszeiten und Ausflugsfahrten hinterherhecheln. Den Alltag erkunden. Versuchen, zu verstehen: Wie funktioniert dieses Land? Was macht es eigentlich so anders und aufregend? Was fasziniert mich? Dann heimkommen und spüren: Was ich auf dieser Reise erlebt habe, hat mich verändert.

Reisen können sehr verschieden sein: »Sage mir, wie du reist, und ich sage dir, wer du bist.« Nach diesem Motto spiegeln sie die Persönlichkeit des Reisenden. Wer mit Neugier, Respekt und Offenheit durchs Leben geht, wird diese Eigenschaften auch mit auf seine Reise nehmen. Menschen mit großem Sicherheitsbedürfnis hingegen finden nur Erholung, wenn sie möglichst viele Risiken ausschließen. Dennoch gilt, was der Philosoph Martin Buber erkannte: »Alle Reisen haben eine heimliche Bestimmung, die der Reisende nicht ahnt.«

So unterschiedlich die Motivation des Reisens sein mag: Jede fremde Umgebung, jeder Aufbruch durchbricht das Gewohnte. Sich aufmachen zu einem Ziel erfrischt die Seele. Das wussten schon die Pilger aller Zeiten und Religionen. Sie machten sich auf den Weg, mal zum nächstgelegenen Tempel, mal zum fernen »heiligen« Berg. Sie teilen mit den Reisenden unserer Zeit die Einsicht: Das Reisen führt zwar an einen anderen Ort. Aber letztlich führt es jeden Menschen zu sich zurück.

Vielleicht wären die folgenden Fragen ein besserer Maßstab für die Qualität einer Reise als der Preis, die Bekanntheit des Ziels oder die Anzahl der Sonnentage: Fühlt sich das Leben danach tiefer an? Haben sich die Gesichter und Gerüche, die Begegnungen und Erlebnisse mit dem Alltagsleben verwoben?

Ja, ich reise, ich reise,
weiß selbst nicht, wohin.
Immer weiter und weiter
verlockt mich mein Sinn.
Schon kündet ein Schimmer
vom morgenden Rot –
und ich treibe noch immer
im flüsternden Boot.

Christian Morgenstern

Der Reisende ins Innere findet alles,
was er sucht, in sich selbst.
Das ist die höchste Form des Reisens.

Laotse

Achtsamkeit

Mehrmals berichtet die Bibel davon, dass Engel Menschen auf ihren Reisen begleiten. Sie beschützen und bewahren vor Krankheit und Katastrophen. Aber was, wenn der Reisende die Engel nicht sehen kann oder will? Märchenhaft und auf rührende Art und Weise stellt die Bibel diesen Fall an Bileam dar, einem andersgläubigen Propheten, der auf seiner Eselin auf einem Weg reitet. Als sich ihm ein Engel in den Weg stellt, erkennt Bileam ihn nicht; wohl aber der Esel, der unruhig vom Weg abgeht. Bileam wird wütend und schlägt sein Reittier. Der Engel macht einen weiteren Versuch, stellt sich nun auf einen engen Weg, der zwischen zwei Mauern hindurchführt. Wieder sieht Bileam nichts, die Eselin drängt sich jedoch an die Mauer, so dass Bileams Fuß eingeklemmt wird. Zornig schlägt Bileam das Tier. Der Engel wird ungeduldig; jetzt stellt er sich so in den Weg, dass es kein Vorbeikommen gibt. Die Eselin fällt auf die Knie und provoziert Bileams Zorn noch mehr. Plötzlich hört er den Esel sprechen: »Was habe ich dir getan, dass du mich dreimal geschlagen hast?« »Da öffnete der Herr Bileam die Augen«, heißt es, »dass er den Engel auf dem Wege stehen sah.«

Die biblische Geschichte ist nicht nur ein Plädoyer für die Existenz von Engeln, sondern auch für die Achtsamkeit auf Reisen. Es wäre schade, wenn man die Warnungen himmlischer Reisebegleiter nicht erkennt.

(nach 4. Mose 22, 21-34)

Endlich losgegangen

Fünf Uhr morgens. Es ist so weit. Der Rucksack steht gepackt an der Tür, die Wanderstiefel daneben. Zwei Jahre lang hatte er es sich vorgenommen, endlich steht der Aufbruch bevor.

»Ich bin dann mal weg« hatte er gelesen; der charmante Pilgerbericht des Komikers Hape Kerkeling hatte ihm in seiner Mischung aus Leichtigkeit und Ernsthaftigkeit imponiert. Erst hatte er sich in den Kopf gesetzt, denselben Weg zu gehen: Achthundert Kilometer von Frankreich bis nach Santiago de Compostela. Je länger er darüber nachdachte, desto mehr überforderte ihn die Vorstellung. Sechs Wochen unterwegs sein – das war für ihn als Gelegenheitswanderer doch etwas viel. So schraubte er seine Ansprüche zurück. Monat um Monat verkürzte sich in seinen Plänen die Strecke, die er pilgern wollte. Auch musste Santiago nicht unbedingt das Ziel sein. Er informierte sich und fand Pilgerziele ganz in der Nähe. Große Klöster und kleine Kapellen, Pilgerkirchen und Kreuzwege. Aber musste er, den der Glaube seit Beginn seines Erwachsenenlebens eigentlich gar nicht mehr sonderlich interessierte, unbedingt zu religiösen Zielen pilgern? Reichte nicht auch einfach eine Wanderung mit einem ganz normalen Ziel, eine Stadt beispielsweise oder ein Aussichtspunkt? Irgendwie nicht, merkte er, irgendetwas würde fehlen.

Er fand heraus, dass ein Jakobsweg sogar in der Nähe seines Wohnortes verlief. Den wollte er gehen. Nicht achthundert, nur achtzig Kilometer. Fünf Tage hatte er sich dafür genommen.

Er zieht die Wanderstiefel an, nimmt den gepackten Rucksack, steigt in den Frühzug. Erster Halt Kufstein, dann Wörgl, die kleine Stadt am Inn. Es ist sieben Uhr in der Früh, als er aus dem Bahnhofsgebäude tritt. Die Stadt ist gerade am Erwachen. Er nimmt seinen Rucksack, geht die Straße entlang, nach wenigen Minuten lässt er den Autoverkehr hinter sich und steht am Ufer des Inns. Eine Fußgänger- brücke führt über den Fluss; auf der anderen Seite lockt ein bewaldeter Hang, an dem ein Weg hinaufführt. Um zehn Uhr sitzt er auf einem kleinen Dorfplatz und packt sein erstes Brot aus. Um zwölf Uhr sieht er den imposanten Turm von Mariastein, seinem ersten Ziel. Mit der »Gnadenmutter Got- tes« kann er nicht viel anfangen. Mit dem Schweinsbraten im Dorfgasthof hingegen mehr. Und mit der Mittagssonne, die den gegenüberliegenden Bergrücken glänzen lässt. Wie ein Wegweiser steht die Sonne vor ihm, als er seinen Rucksack wieder aufsetzt und weitergeht. Das grüne Gebirgswasser des Inns liegt unter ihm, da irgendwo in der Ferne liegt sein Ziel: Innsbruck. Aber er hat Zeit. Er geht und genießt – freut sich unbändig, dass er endlich losgegangen ist. Dass seine Füße ihn sicher tragen und seine Seele ihn beschwingt. Am Nach- mittag durchquert er das Dorf Breitenbach. Bis zum Abend will er in Kramsach sein, der letzten Station des Tages. In einem Gasthaus bezieht er ein Zimmer. Zieht seine Wander- stiefel aus. Er gönnt seinen Füßen ein Bad, dann legt er sich auf das einfache, knarrende Bett und schläft selig ein.

Bis fünf Uhr morgens. Dann ist es wieder so weit.

Erholung und Erkenntnis

Verreisen! Warum nicht nach Tschechien? Ein schönes, tieftrau-
riges Land mit zumeist düsterer Geschichte. Dachten wir. Den-
noch – oder gerade deswegen? – faszinierte es uns so. Also tankten
wir unseren alten Renault voll. Keine Station war geplant, kein
Weg vorgezeichnet, kein Hotel gebucht. Treiben lassen wollten
wir uns, Menschen begegnen. Neues sehen. Erfahrungen sam-
meln. Bilder überprüfen. Einfach unterwegs sein, zwei Wochen
lang. »Nothing planned« statt »all inclusive«.

Wären da nicht plötzlich diese vielen roten Leuchtschilder –
Bar, Sex-Club, Love – wir hätten gar nicht gemerkt, dass wir
die Grenze bereits überquert hatten. Das graue Gebäude der
früheren Grenzstation ist halb verfallen und erinnert nur noch
vage daran, dass hier einmal die beiden Machtblöcke der Welt
unüberwindlich aneinanderstießen. Früher: Niemandsland.
Kein Durchkommen, nirgends. Heute: freie Fahrt. Kilometer
um Kilometer schlängeln sich Serpentinen durch dichte Wälder.
Und dann, plötzlich, dieser grandiose Ausblick. Es ist, als habe
man einen Schutzwall überwunden. Der Blick öffnet sich über
eine weite Ebene, viele Ortschaften, Fabriken und die leicht
geschwungene Straße nach Pilsen. Nein: Plzeň. Die Zeit der
deutschen Ortsnamen ist schließlich vorbei. Tschechien ist Tsche-
chien, nicht »die Tschechei«. Und da tauchen sie wieder auf, die
Erinnerungen an die grausamen Kapitel aus der Geschichte: das
Konzentrationslager Theresienstadt; das von deutschen Soldaten
zerstörte Dorf Lidice; das jüdische Ghetto Trebitsch. Eigentüm-

liche Gefühle, als Deutscher dieses Land zu bereisen, das so sehr unter den Deutschen zu leiden hatte.

Trotzdem: Wir genießen den Weg. Die Landstraße führt durch entlegene Dörfer, in denen die Zeit stillzustehen scheint. Durch traumhafte Landschaften, vorbei an bizarren Felsformationen und verwunschenen Schlössern. Aber auch durch triste Industriegebiete, in denen der Himmel durch den Rauch aus Schloten verdunkelt ist. Und sie führt zu jenen Stätten, an denen das Unrecht an Unschuldigen ins Bodenlose reichte.

Zum Beispiel nach Lidice. Steinfundamente sind die letzten Zeugen des Dorfes, das hier 650 Jahre lang stand, bis es im Juni 1942 von den Nazis dem Erdboden gleichgemacht wurde. Eine kaltblütige Racheaktion für ein Attentat auf Reinhard Heydrich, den Holocaust-Organisator Hitlers. Nazis erschossen die 172 Männer Lidices, deportierten Frauen und Kinder in Konzentrationslager, ermordeten die meisten von ihnen in Gaskammern.

Heute erinnern ein Mahnmal und ein Museum an das schwer fassbare Geschehen. Und ein Rosengarten. Inmitten des roten Meeres der 23 000 Rosenstöcke – wir trauen unseren Augen kaum: eine Hochzeitsgesellschaft. Menschen feiern die Liebe – ausgerechnet an einem Ort, an dem einst unsägliche Brutalität herrschte. Trügen Ländernamen Untertitel, könnte dieser der von Tschechien sein: »Das Leben siegt.« Erst recht dort, wo der Hass am schlimmsten wütete.

Viele andere Bilder der Versöhnung sammeln wir. Bilder, die im »All inclusive«-Urlaub nicht inbegriffen wären. Erholung mit Erkenntnis. Verreisen im eigentlichen Sinn.

Reise-Erinnerungen

Reise-Erinnerungen: Fotos. Filme. Postkarten. Souvenirs. Eintrittskarten. Steine. Muscheln. Tagebücher.

Holen Sie alles hervor, was Sie auf den Reisen Ihres Lebens gesammelt haben. Breiten Sie es vor sich aus, ordnen Sie es nach Reisen.

Gehen Sie anhand der Erinnerungsstücke in Gedanken Ihre Reisen durch. Woran können Sie sich erinnern? Welche guten Erfahrungen steigen in Ihr Bewusstsein, welche schlechten? Schließen Sie die Augen. Versuchen Sie, sich Menschen und Begebenheiten ins Gedächtnis zu holen. Gehen Sie auch den Bildern und Gefühlen nach, die sich nur unwillig den Weg ins Jetzt bahnen.

Wenn Sie eine gewisse Zeit mit diesen Erinnerungen verbracht haben, können Sie sie auswerten: Welche Reise hat Ihnen am besten gefallen – und warum? Welche Art des Reisens hat Sie am meisten herausgefordert? Wo haben Sie sich selbst und das Leben am meisten gespürt? Legen Sie die Pilgerschnecke zu der Reise, mit der Sie am meisten gute Erinnerungen verbinden.

Durch diese Betrachtung werden neue Reisepläne in Ihnen entstehen.

Unterwegs sein

die Gastfreundschaft
anderer
in Anspruch nehmen,
denen ich ein Fremder bin.

Respekt lernen,
Höflichkeit,
Rücksicht auf
fremde Länder, fremde Sitten,
wissend:
eigentlich bin ich ja der Fremde.

Mit dieser Erfahrung nach Hause kommen
und sich plötzlich
der eigenen Rolle als
Gastgeber bewusst werden

und denen
Gastfreundschaft gewähren,
die sich fremd fühlen
in meinem Land,
die
unterwegs sind.

Susanne Schaber: Den Sternen entlang. Drei Pilgerwege. Mit Fotografien von Christoph Lingg (Wien 2004)
Es gibt nicht nur den Jakobsweg. Eine Autorin und ein Fotograf haben drei völlig unterschiedliche Pilgerwege auf drei Kontinenten bereist und mit Worten und Bildern dokumentiert. Ihr Weg führt sie nach Santiago de Compostela, nach Peru auf den Sternengletscher des Qoyllur Tit'i und zum Berg Kailash im Himalaya. Das Buch ist eine Art Reisebericht, der den Zauber des Pilgerns nicht zu enthüllen versucht, sondern einfach und atemberaubend schön darstellt.

Kari Bremnes: Reise (2007)
Auf der Hurtigrute an Skandinaviens Küste entlangschippern, Fjorde, Wale und das Polarlicht genießen: Wer die Musik der norwegischen Künstlerin Kari Bremnes hört, kann diese Reise akustisch erleben. Auf den Lofoten ist die Sängerin geboren, in ihren Liedern und ihrer Stimme ist die ganze Melancholie der Weite des Meeres zu spüren.

Lost in Translation (USA 2004)
Regie: Sofia Coppola; Darsteller: Bill Murray, Scarlett Johansson
Beide stammen aus den USA, beide treffen sich in einer Hotelbar in Tokio. Zwischen dem alternden Schauspieler Bob und der frisch verheirateten Charlotte entwickelt sich auf überraschende Weise eine intensive Freundschaft. Gemeinsam erkunden sie die fremde Stadt. Am Ende hat die Reise beide verändert und einen neuen Blick auf das Leben eröffnet.

Auf dieser Seite ist Platz für Ihre persönlichen Gedanken.

EINE BIBLIOTHEK
ERKUNDEN

Bücher

Eintauchen in fremde Welten,
sich entrücken lassen
von Worten,
Handlungen,
Menschen,
Gefühlen.
Für eine Zeitlang
die Wirklichkeit vergessen
und den Kosmos erkunden,
den ein anderer Mensch ersonnen
und zu Papier gebracht hat.
Eintauchen in ein Phantasiereich,
zusammengesetzt aus Buchstaben,
die auf wundervolle Weise
neue Welten erschaffen.
Nicht wissend, was wirklicher ist:
die Welt des Buches
oder mein Leben?

Das Paradies – eine Bibliothek?

Das Paradies »eine Art Bibliothek«? Der argentinische Schriftsteller Jorge Luis Borges stellte es sich jedenfalls so vor. Eine eigentümliche Vorstellung, die ein neues Licht auf die biblische Weisheit wirft: »Am Anfang war das Wort.« Am Anfang stehen unendlich viele Gedanken und Handlungen, fiktive Geschichten mit Haupt- und Nebendarstellern, dazu die Wissensfülle unzähliger Lexika und Sachbücher.

Vielleicht ist diese Vorstellung auch der Grund, weshalb sich viele Menschen von Bibliotheken angezogen fühlen, von der Russischen Nationalbibliothek Moskau mit ihren über vierzig Millionen Büchern genauso wie von der heimischen Dorf-Leihbibliothek mit wenigen Regalen. Bibliotheken sind eben nicht nur eine Ansammlung von Papier, Leim und Druckerschwärze. In Bibliotheken weht der freie Geist derer, die diese Bücher geschrieben haben. Er schafft eine Atmosphäre, die von Neugierde und Phantasie durchdrungen ist.

Die unüberschaubare Zahl der Buchrücken überfordert zunächst. Hunderttausende, Millionen bedruckter Seiten, beschrieben mit den Gedanken fremder Männer und Frauen, die ihre Deutung der Welt in Worte gefasst haben, die ihre Gedanken und ihr Wissen nicht für sich behalten wollten.

Wer sich ihnen aussetzt, nimmt unwillkürlich an der Jahrtausende währenden Geistesgeschichte dieser Welt teil: Man kann bei den Philosophen Griechenlands etwas über die Milde des Lebens lernen; aus den heiligen Schriften der

Weltreligionen etwas über Gott erfahren; in den Werken mittelalterlicher Mystiker dem Geheimnis, das allen Dingen innewohnt, auf die Spur kommen. Die aufgeklärte Freiheit des Denkens eröffnete Wissenschaftlern neue Welten. In Büchern entwickelten sie Theorien über biologische und physikalische Gesetzmäßigkeiten. Unaufhaltsam schritt der Prozess der Welt-Entzauberung voran und verdrängte das nicht Fassbare ins Reich der Legenden. Romane und Erzählungen gewährten Einblick in das Lebensgefühl und den Zeitgeist unterschiedlicher Epochen. Das alles verbirgt sich hinter den Buchrücken, die Bibliothekare nummeriert haben, beseelt von dem Eifer, mit den Büchern auch die Welt zu ordnen.

Aber dann gibt es da noch die anderen Bibliotheken, die nicht nur der Wissenssammlung, sondern der Leselust dienen. In Süddeutschland, nahe Mittenwald, befindet sich eine der schönsten, im Schloss Elmau, heute ein Hotel: Riesige Säle mit meterhohen Bücherregalen, dazwischen Ledersessel und Tische. Gelassen erkunden Menschen die Bibliothek, holen sich Bücher, blättern darin oder nehmen sie mit, um dann in der Natur des abgeschiedenen Tales über das Gelesene nachzusinnen. Paradiesisch.

Übrigens: Jorge Luis Borges übernahm im Alter von fünfundfünfzig Jahren die Leitung der Argentinischen Nationalbibliothek. Zu einer Zeit, in der er sein Augenlicht verlor. Dass er ausgerechnet an seinem Lieblingsort erblindete, wertete er als Ausdruck von »Gottes glänzender Ironie, mir gleichzeitig achthunderttausend Bücher und Dunkelheit zu schenken«.

Ich habe Ruhe gesucht überall
und habe sie am Ende gefunden
in einem Winkel bei einem kleinen Buche.

Franz von Sales

Nicht die haben die Bücher recht lieb,
welche sie unberührt in den Schränken aufheben,
sondern die, die sie Tag und Nacht
in den Händen haben
und daher beschmutzet sind,
welche Eselsohren darein machen,
sie abnutzen und mit Anmerkungen bedecken.

Erasmus von Rotterdam

Das Buch des Lebens

»Alle Tage waren in dein Buch geschrieben,
die noch werden sollten und von denen keiner da war.«

Seit fast dreitausend Jahren finden Gläubige im 139. Psalm
eine enorm tröstliche Zusage. Sie besagt: Auch wer am Leben und an sich selbst verzweifelt, darf darauf vertrauen, dass
Gott ihn durch und durch erkennt, sogar in den dunkelsten
Stunden. »Spräche ich: Finsternis möge mich decken und
Nacht statt Licht um mich sein, so wäre auch Finsternis nicht
finster bei dir, und die Nacht leuchtete wie der Tag«, heißt
es in dem Gebet. Der Bibel zufolge stammt es von König
David, dessen Leben von Macht wie von Scheitern bestimmt
war. Vielleicht war es in einer seiner dunklen Stunden, als
er Gott anrief. Die Vorstellung, dass das ganze Leben eines
Menschen bereits vorherbestimmt ist – bildlich ausgedrückt:
im Buche Gottes steht –, entledigte ihn womöglich von der
Schwere einer Entscheidung. David bittet nur um Leitung:
»Erkenne, ob ich auf bösem Wege bin, und leite mich auf
ewigem Wege«, beschließt er seinen Psalm. Und würde sicherlich liebend gerne das Ende des Buches lesen, in das Gott
seine Lebensgeschichte geschrieben hat.

(nach Buch der Psalmen)

Ein Buch gegen die Midlife-Krise

Mit dreiunddreißig Jahren war er noch längst nicht am Ende der Karriereleiter angelangt. Er hatte sechshundert Menschen unter sich, jettete business class um die Welt, stieg in den besten Hotels ab, kannte das Gefühl der Macht, die einen jungen, erfolgreichen Manager umweht. »Aber mein Herz schlug dort nicht«, blickt er zurück, »ich war ein Rad in einem Weltkonzern, war abhängig von anderen und bewegte mich im schmalen Korridor, den man mir ließ.« Stress bestimmte seinen Alltag. Seine einstige Leidenschaft, das Lesen, fiel dem Beruf zum Opfer: »In New York richtete ich mir eine wunderschöne Wohnung ein mit einer feinen Bibliothek; aber weder hatte ich Zeit zu lesen noch war ich oft zu Hause!«

Seine Abhängigkeit hatte seine damalige Firma ihm zwei Jahre zuvor auf brutale Weise gezeigt. Binnen einer Stunde musste er sein Büro räumen. Gekündigt. Es dauerte nicht lange, bis er einen neuen Job hatte. Doch lange genug, um das Gefühl des Fallens kennenzulernen. Keine Sprosse der Karriereleiter garantiert den Aufstieg, wurde ihm schlagartig klar. Zu welchem Ziel führte sie denn eigentlich? Zu mehr Macht, Geld und Erfolg. Aber auch zu mehr Glück oder Zeit?

An seinem fünfunddreißigsten Geburtstag erwischte ihn unerwartet die Midlife-Krise. Grübeleien stahlen ihm die Nachtruhe. »Plötzlich wurde mir bewusst, dass ich nicht mehr zur jungen Generation zählte«, blickt er zurück. Der Gedanke an den Tod grub sich in seine Seele, das Gefühl der

Begrenztheit überkam ihn. Und, ebenso unerwartet, das unbändige Bedürfnis nach Büchern. Er wollte nicht nur lesen, sondern auch schreiben. Also zog er sich für ein paar Tage in eine Hütte am Meer zurück. »Es war wie eine Erleuchtung«, sagt er, »ich stand auf, schnappte mir einen Stapel Papier und schrieb los.« Am Abend waren zehn Seiten voll. Der Beginn eines autobiographischen Romans. All seine Fragen und Antworten legte er in den Mund des Protagonisten, eines erfolgsverwöhnten Marketingchefs, der in den Abgrund seiner Midlife-Krise blickt. »Mit fünfunddreißig wacht er auf, und plötzlich sind die Piloten jünger, die Polizisten, ja selbst Bankdirektoren sind jünger, Figuren öffentlichen Respekts, die man vor nicht allzu langer Zeit mit gebührendem Abstand von unten nach oben gemustert hat. Jetzt: Kinderpiloten, Kinderpolizisten, Kinderdirektoren ...«

Er schrieb und schrieb. Drei Monate lang, wie ein Besessener fasste er seine Gedanken und Gefühle in Worte und legte auf diese Weise seine wunde Seele frei. »Ich lernte Bücher von einer ganz anderen Seite kennen«, erinnert er sich: »Nicht als Leser, sondern als Autor.« Ein paar Wochen danach die nächste Überraschung: Ein Verlag zeigte großes Interesse an dem Buch. Ein halbes Jahr später sah er seine Krisentherapie in Buchform vor sich liegen.

Inzwischen sind Tausende verkauft. Seinen Job als Manager hat er zugunsten der Bücher aufgegeben. »Der beste Tausch meines Lebens«, sagt er. Weil er vom Schreiben leben darf. Und weil er jetzt öfter in seiner Bibliothek sitzen kann.

Die Bibel liest dich

»Gesetzt den Fall, Sie dürften nur ein einziges Buch auf einen jahrelangen Inselaufenthalt mitnehmen – welches wäre es?« Bisweilen las ich in Zeitschriften als Antwort mehr oder weniger prominenter Personen: »Die Bibel« – und konnte es nicht verstehen. Dieses mehr als tausend Seiten umfassende alte, an vielen Stellen unverständliche Buch soll als Lesestoff für Jahre dienen? Die bloße Vorstellung erzeugte früher Langeweile in mir. Wer so antwortete, wollte sich bewusst als frommen Menschen darstellen, unterstellte ich. Dass selbst Bert Brecht auf die Frage nach seinem Lieblingsbuch antwortete: »Sie werden lachen, die Bibel!«, deutete ich als gezielte Provokation. Und überlegte, was ich denn sagte, wenn man mich fragte. Die Kurzgeschichten Isaac B. Singers vielleicht oder einen jener wundervoll schwermütigen Romane Sándor Márais? Heinrich Heines Gedichte oder einen dicken Wälzer von Dostojewski, meinetwegen auch Augustins Bekenntnisse – aber bitte nicht die Bibel.

Das ist rund zwanzig Jahre her. Hätte man mir damals gesagt: »Du wirst sechs Jahre lang jede Woche über eine Bibelstelle oder eine biblische Geschichte schreiben« – ich hätte kräftig gelacht. Immerhin war ich aus dem Grund Journalist und nicht Pfarrer geworden, um nicht jede Woche von der Kanzel den Glauben verkünden zu müssen.

Und jetzt, Jahre später, vergrabe ich mich tatsächlich jede Woche in der Bibel und mache die verblüffende Erfahrung: Je näher ich dieses Buch kennenlerne, desto unerschöpflicher und spannender kommt mir der Inhalt vor. Die Bibel – das sind unendliche Weiten, faszinierende Geschichten, die das Leben schrieb. Ich habe begriffen: Als »heilig« gilt dieses Buch nicht, weil in ihr von Gott die Rede ist. Sondern weil ihr nichts, wirklich nichts Menschliches fremd ist. Die neugierige Eva und der mordende Kain, die ehebrecherische Batseba und der eifernde Amos, der weinende Petrus und die unerschrockene Maria Magdalena: Die Menschen der Bibel mit ihren mal kleingläubigen, mal kühnen Versuchen, das Leben und das Scheitern zu meistern, sind mir ans Herz gewachsen. Diese bunte Schar von Huren, Heuchlern und Heiligen, die alle doch eigentlich nur auf der Suche nach Liebe und Vergebung sind. Nach einem Leben, das gelingt, in dem sie sich und Gott näherkommen.

Aber die Bibel ist mehr als eine Sammlung bewegender Bücher und Geschichten. Wirklich faszinierend wird sie dadurch, dass sie nicht nur grandios erzählt, sondern ihren Leserinnen und Lesern gleichzeitig einen Spiegel vorhält. Unaufdringlich fordert sie dazu auf, das eigene Leben zu durchleuchten. Als ob sie meine tiefsten Sorgen und Abgründe kennt und weiß, wo Trost zu finden ist. Die Theologin Dorothee Sölle hat das einmal auf den Punkt gebracht, als sie sagte: »Nicht du liest die Bibel, die Bibel liest dich.« Das kann kein anderes Buch.

Deswegen würde auch ich sie mitnehmen auf die Insel. Wenn man mich fragte.

Die eigene Bibliothek

Wie wäre es, wenn Sie sich eine eigene kleine Bibliothek erstellen? Ob zehn, fünfzig, hundert oder mehr Bücher, ist egal. Wichtig ist, ob Sie Ihren Büchern einen Platz als Weggefährten einräumen möchten.

Jedes Buch in Ihrer Wohnung könnten Sie in die Hand nehmen und Leseerinnerungen wachrufen: Wo haben Sie einst dieses Buch gelesen? Welche Gefühle verbinden Sie damit? Welche Bilder und Geschichten aus dem Buch sind Ihnen im Kopf haftengeblieben? Worin hat es Sie beeinflusst, verändert? Hat es zu Ihrer Reifung beigetragen?

Suchen Sie einen Platz für Ihre ganz persönliche Bibliothek. Vielleicht in der Nähe eines Sessels oder Sofas, wo Sie sich ungestört entspannen können. Wie möchten Sie Ihre Bücher ordnen? Es gibt viele Möglichkeiten. Nach Wichtigkeit – Ihre eigene Bestsellerliste ganz oben? Oder nach Bucharten? Alphabetisch vielleicht? Oder thematisch? Während dieser Überlegungen werden Sie mit Ihren Büchern eine neue Beziehung eingehen. Mit den meisten jedenfalls. Einige werden Ihnen ganz und gar unwichtig erscheinen. Scheuen Sie sich nicht, sie auszusortieren und wegzugeben.

Wenn Ihre Bibliothek eingerichtet ist, gönnen Sie sich bewusst ab und zu Lesezeiten. Die Pilgerschnecke können Sie, mit einem Band versehen, als Lesezeichen benutzen.

Wegweiser

Nicht nur mit den Füßen
unterwegs sein,
auch mit den Gedanken
durch die Weiten
der Wort-Welten pilgern,
staunend erleben,
was andere Menschen
denken, glauben und fühlen,
das Geschriebene als Gleichnis verstehen
für mein Leben,
mich verändern lassen.
Ich möchte Bücher als Wegweiser nutzen,
mich ihnen blind anvertrauen
und gespannt sein, wohin sie mich führen,
wenn ich endlich losgehe.

Carlos María Domínguez: Das Papierhaus (Frankfurt/Main 2004)
Der Literaturdozent staunt, als er in der Post ein Buch findet, an dem Zementreste haften. Er will das Geheimnis dieses Buches lüften und findet an einem Strand die Reste eines Hauses, dessen Wände aus Büchern bestehen. Hier lebte ein Mann mit einer außergewöhnlichen Liebe zu Büchern.

Richard Schönherz / Angelica Fleer: Hesse-Projekt – Die Welt ist unser Traum (2007)
Mit Achtung, Herz und Seele lesen Künstlerinnen und Künstler Texte Hermann Hesses; durch die Stimmen Ben Beckers, Catharina Valentes, Annett Louisans und vieler anderer bekommen die Gedichte und Prosastücke eine ungeahnte Intensität. Dazu sparsame Musik, die in asiatisch-verjazzte Weiten entführt – eine wundervolle Hommage an Hesse.

Fahrenheit 451 (Großbritannien 1966)
Regie: François Truffaut; Darsteller: Julie Christie, Oskar Werner
Ein bedrückendes Szenario: In nicht allzu ferner Zukunft verbietet ein autoritäres Regime das Lesen und den Besitz von Büchern. Ein Feuerwehrmann wird beauftragt, Bücher zu verbrennen statt Brände zu löschen. Eine Lehrerin lässt sich das Lesen nicht verbieten und schart Gleichgesinnte um sich. Sie finden einen unerwarteten Weg, das Bücherverbot zu umgehen. Diese Szene treibt Buchliebhabern Tränen in die Augen.

Auf dieser Seite ist Platz für Ihre persönlichen Gedanken.

NÄCHSTENLIEBE
ÜBEN

Barmherzigkeit

Den anderen Menschen lieben,
den »Nächsten«:
den Kranken, der an seinem Schicksal verzweifelt;
die Traurige, die sich selbst nicht mehr ertragen kann;
den Alten, der orientierungslos durch seine Tage irrt;
das Kind, das keine Liebe erfährt.
Die Augen öffnen
für die Mühseligen und Beladenen,
ihnen zur Seite stehen
wie ein Bruder oder wie eine Schwester.

Das ist kein Arbeitsauftrag,
der entbehrungsreich abzuarbeiten ist.
Auch verlangt es keine Aufopferung von uns.
Den Nächsten zu lieben hilft dem Bedürftigen –
gleichzeitig verleiht es auf geheimnisvolle Weise
auch dem Leben des Helfenden Würde und Kraft.
Dies ist der tiefere Sinn dafür, dass die Bibel fordert:
»Du sollst deinen Nächsten lieben wie dich selbst.«

Mut zur kleinen Tat

»Spende Blut!« – »Brot für die Welt!« – »Ihr Geld kann Blinde sehend machen!« – »Mit fünfzig Cent am Tag die Welt verändern!« Die Sprüche von Plakaten konfrontieren Passanten mit Aufforderungen zu anonymer Barmherzigkeit. Geld zu spenden ist bequem. Wer auf diese Weise hilft, braucht dem Nächsten nicht direkt in die Augen zu sehen, sondern muss lediglich die flehenden Blicke von Kindern ertragen, die von Plakaten der Hilfsorganisationen herabschauen. Nächstenliebe per Überweisung – durchaus hilfreich, aber etwas anderes, als dem Nächsten persönlich gegenüberzusitzen.

Wer sich dem Leid mit Leib und Seele aussetzt, verliert die romantische Sicht der Nächstenliebe. Plötzlich muss man sich mit unangenehmen Dingen auseinandersetzen. Mit nervender Inanspruchnahme. Mit überbordender Aufdringlichkeit. Mit emotionalen Erpressungsversuchen. Mit Schmutz und unangenehmen Gerüchen.

Nächstenliebe eignet sich nicht zur raschen Selbstbestätigung oder Befriedigung eines Helfergefühls. Sinnvolle Nächstenliebe erfordert Herz und Verstand. Dazu gehört es auch, das Gegenüber als Anfrage zu deuten: Was löst die Not eines anderen Menschen in mir aus? Aus welcher Motivation heraus will ich helfen? Wo fühle ich mich stark, wo schwach? Wie kann ich mich abgrenzen, wo sollte ich mich besser um mich selbst kümmern? Weshalb unterstelle ich dem Nächsten eine Bedürftigkeit, die er vielleicht gar nicht hat?

Auf dem Weg zur Nächstenliebe lauern viele Fallstricke. Einen nennt man »Helfersyndrom«, das meint die Einstellung: »Ich helfe, also bin ich.« In der Verkleidung der Nächstenliebe drehen sich diese Menschen immerzu um sich selbst. Geht diese Haltung mit einer großen Opferbereitschaft einher, können Macht und offene Aggression die Kehrseiten des Helfens sein. Umgekehrt jedoch beschreibt der Satz eine heilsame und verantwortungsvolle Einstellung: »Ich bin, also helfe ich.« Wer nicht hilft, sondern nur für sich selbst da ist, lässt sein eigenes Leben verkümmern.

Nächstenliebe muss keine einsame Angelegenheit sein. Ein Netzwerk von Gruppen und Organisationen durchzieht die Welt, jeden Ort, jedes Land, jeden Kontinent. Ein hoffnungsvolles Gegengewicht gegen die negativen Auswüchse der Globalisierung. Die Menschen, die an ihm teilhaben, sind auf geheimnisvolle Weise miteinander verbunden. Die Nachbarschaftshilfe in Brooklyn mit der Bahnhofsmission in Brandenburg; die Moskauer Kinderhilfsinitiative mit den Ärzten, die in afrikanischen Flüchtlingslagern helfen. Dass jeder Akt der Nächstenliebe, sei er noch so klein, die Welt verändert, ist keine Floskel. Wer »Mut zur kleinen Tat« (Johann Hinrich Wichern) aufbringt, wird von einem auf den anderen Moment Teilhaber der globalen Gegenwelt der Nächstenliebe. Wie von selbst verändert sich dann das Wertesystem. Ansehen, Einkommen, Erfolg verlieren ihre herkömmliche Bedeutung. Das Leben bekommt einen neuen Sinn.

Selig der Bruder, der seinen kranken Nächsten,
der ihm nichts nützen kann, ebenso liebt
wie in gesunden Tagen, da dieser fähig war,
ihm Gegendienste zu leisten!

Augustinus

Lieben heißt, einen anderen Menschen
so zu sehen, wie Gott ihn gemeint hat.

Fjodor M. Dostojewski

Keiner von uns ist einzig für sich auf der Welt,
er ist auch für alle anderen da.

Gregor von Nazians

Der barmherzige Samariter

»Wer ist mein Nächster?« Den religiösen Autoritäten seiner Zeit antwortete Jesus nicht mit theoretischen Abhandlungen, sondern mit Geschichten. Zum Beispiel mit dieser: Ein Mann, unterwegs von Jerusalem nach Jericho, wird von Wegelagerern überfallen; sie schlagen ihn zusammen, rauben ihn aus und lassen ihn am Straßenrand liegen. Ein Priester kommt vorbei, sieht den Verletzten, geht aber vorüber; ebenso ein weiterer Geistlicher. Der dritte Mann, der den Hilflosen liegen sieht, ist ein einfacher Reisender aus dem damals als ungläubig geltenden Samarien. Er erbarmt sich des Raubopfers, leistet Erste Hilfe und bringt ihn in ein Gasthaus. Dem Wirt gibt er sogar Geld, damit er sich weiter um den Verletzten kümmert.

Die Geschichte vom barmherzigen Samariter gehört zum prägenden Kulturgut des Abendlandes. Ihre Botschaft: Nächstenliebe überschreitet Grenzen, sogar die des Glaubens.

Auch der Rat, den Jesus dem fragenden Schriftgelehrten gab, gilt bis heute: »So geh hin und tu desgleichen!«

(nach Lukas 10, 25-37)

Nächstenliebe auf dem letzten Weg

Dass der Tod einmal zu ihrem Leben gehören, es sogar berei-
chern würde – das hatte sie sich früher nie vorstellen können.
Bei ihren Bekannten galt sie als lebenslustige Frau. Bis zu
jenem Tag im Sommer 2003, an dem ihr Bruder starb. Diagnose: Leukämie. Innerhalb eines Jahres hieß es für ihn Ab-
schied nehmen von Kindern, von der Frau, von den Eltern,
vom Leben. Dieser Tod warf sie in ihrem gesamten Lebensgefühl um. Solch unfassbares Geschehen zu begreifen war zu
schwer für ihre Seele. Wenn es Gott wirklich gibt: Wozu hat
er dann diesen lieben Menschen so jung sterben lassen und
damit so viel Leid unter den Angehörigen ausgelöst?

In den Monaten nach der Beerdigung bemerkten ihre
Freunde, wie sie sich immer mehr zurückzog. Die lockeren
Sprüche, für die sie bekannt war, blieben aus; zum Feiern war
ihr nicht mehr zumute. »Welchen Sinn haben Leben und
Tod?«, fragte sie sich und andere. »Lehre uns bedenken, dass
wir sterben, auf dass wir klug werden.« Mit diesem Spruch
aus einem Psalm versuchte ein Pfarrer, ihr diese Frage zu beantworten. Theoretisch war ihr das klar, aber in ihrer Seele
hatte sich diese Weisheit noch nicht festgesetzt.

Der Pfarrer, den sie um Rat bat, war nicht nur ein Mann
des Wortes, sondern auch der Tat. Er schlug ihr vor, sich in
einer Hospiz-Gruppe zu engagieren. Bei Frauen und Män-
nern also, die ehrenamtlich sterbende Menschen auf ihrem
letzten Weg begleiten.

Sich freiwillig dem Tod aussetzen? Zunächst verursachte ihr diese Vorstellung Unbehagen. Aber nach ein paar Tagen siegte die Neugier. Wenig später ging sie zu einem Gruppentreffen und meldete sich zu einem Hospiz-Helferkurs an. Sie lernte etwas über die letzte Lebensphase, erfuhr viel über die Bedürfnisse Sterbender, las die Berichte jener, die für kurze Zeit die Schwelle zwischen Tod und Leben überschritten hatten.

Ein halbes Jahr später folgte ihre Bewährungsprobe: Zu einem älteren Herrn wurde sie gebeten; sie fand ihn von Krankheiten geschwächt im Krankenhaus liegen. Sein Blick ging ins Leere; aber als sie seine Hand nahm, drehte er seinen Kopf leicht zu ihr und sah sie an. Jeden Tag nach ihrer Arbeit besuchte sie ihn, saß bei ihm, erzählte mit ruhiger Stimme etwas, schwieg wieder, wischte seinen Mund ab, benetzte seine Lippen mit Wasser. Sie spürte, dass ihm das guttat. Manchmal summte sie ihm Lieder vor, mit dem Kopf ging sie dann ganz nah an sein Ohr. Der Klang schien ihn zu beruhigen, er schlief dabei ein. Eines Nachts rief die Nachtschwester an, sie habe im Gefühl, der alte Herr werde bald sterben. Sie eilte ins Krankenhaus. Seine Atmung war anders, mal rang er nach Luft, dann wieder war nichts zu hören. Sie summte ihr Lied. Sie konnte beobachten, wie sich seine Gesichtszüge entspannten und er hinüberging in die andere Wirklichkeit.

Das ist jetzt fünf Jahre her. Seitdem hat sie viele Menschen kennengelernt. Mit Liebe und Achtung begegnet sie ihnen. Ihre Lebensfreude hat sie wiedergefunden. Und einen neuen Sinn für ihr Leben.

Nicht ungebeten etwas geben

Zum Beispiel Wolfgang. Eines Tages klingelte er an meiner Tür. Ich wohnte zu der Zeit mitten in Deutschland, in einem Pfarrhaus in der Provinz: Eine bevorzugte Anlaufstelle für Hilfesuchende und umherziehende Obdachlose. Der Ton der Hausklingel riss mich schrill aus einer Arbeit. Einfach nicht aufmachen, nicht stören lassen? Mein schlechtes Gewissen meldete sich. Ich öffnete die Tür. »Ich wollte freundlich fragen, ob Sie mir vielleicht etwas zu essen und zu trinken geben könnten.« Der blasse Mann von schwer einschätzbarem Alter trug einen Bart, war von eher schmächtiger Statur, an seinem alten Damenfahrrad hingen vollgepackte Satteltaschen. Ich schaute ihm in die Augen und bat ihn herein.

Wir setzten uns in einen kleinen Raum. Ob er einen Kaffee wolle und ein Brot? Wasser würde reichen, trockenes Brot auch, ich solle mir bitte keine Mühe machen, sagte er mit bemerkenswert ruhiger Stimme. Ich ging in die Küche, kochte Kaffee, richtete ein Tablett mit Brot und Aufschnitt, legte einen Apfel und eine Banane dazu. Wolfgang war froh über dieses einfache Mahl. Meine unterbrochene Arbeit hatte ich vergessen und meine Neugierde war ehrlich, mit der ich ihn nach seiner Lebensgeschichte fragte. Ende dreißig war er, genauso alt wie ich. War verheiratet gewesen, hatte einen Job beim Bau gehabt – und dann kam alles zusammen: Arbeitslosigkeit. Verschuldung. Scheidung. Wohnungskündigung. Plötzlich stand er auf der Straße. Alleine, ohne Geld, ohne Job, ohne Frau, ohne Perspektive. Er lern-

te die Berber-Szene in Köln und Hamburg kennen. Kämpfte sich durch, schlief mal unter Brücken, mal im Park oder bei der Heilsarmee. Irgendwann trieb es ihn aufs Land. »Ich liebe die Natur«, sagte er mit seiner ruhigen Stimme. »Und im Winter?« – »Es gibt immer Bauruinen, manchmal auch ein Heim.« Das Brot schmeckte ihm sichtlich. Er schmierte sich eins für unterwegs, ich gab ihm einen Beutel, er legte sich das Obst dazu.

Sollte ich ihm noch Geld geben? Natürlich gab es in der Pfarrkasse ein paar Scheine für solche Fälle. Aber ich war vorsichtig nach der letzten Täuschung. Da hatte ich mich tatsächlich erweichen lassen, hundert Mark zu geben. Der junge Mann hatte mir eine ergreifende Geschichte erzählt, dass er unbedingt mit dem Zug nach Sonstwohin müsse, wo seine sterbenskranke Mutter auf ihn warte. Und er würde mir seine Anschrift dalassen und das Geld zurückschicken. »Im Zweifel für den mühselig Beladenen«, hatte ich mir gesagt und ihm den Schein gegeben. Später erfuhr ich, dass er mit derselben Geschichte auch in den Pfarrhäusern der Nachbardörfer hausieren gegangen war.

Aber Wolfgang? Ganz anders! Der forderte nichts, sondern fragte nur nach etwas Essbarem, hatte keine Fahne und keine Anzeichen von Alkoholismus. Etwas Geld könnte er sicherlich gut brauchen. Ich fragte ihn danach, wohin er jetzt fahren werde. »Über die Dörfer«, meinte er, ein Ziel habe er nicht.

Als ich ihn mit seinem bepackten Fahrrad und dem Proviantbeutel vom Hof fahren sah, war ich froh, dass ich ihm nicht ungefragt Geld gegeben hatte. Nächstenliebe heißt auch, nicht ungebeten etwas zu geben.

123

Ein großes Abenteuer erleben

Urlaub mal anders: kein Sonnenbaden oder Skifahren, auch keine Kultur-Exkursionen in Museen oder zu archäologischen Stätten, sondern eine Erkundungstour ins Reich der Nächstenliebe.

Zum Beispiel so: Als Helfer oder Helferin bei der Bahnhofsmission. Oder ein großes diakonisches Werk von innen kennenlernen – das Rauhe Haus in Hamburg zum Beispiel oder das Berliner Johannesstift oder ein Werk der Caritas. Sehen, wie Behinderte einfach glücklich leben. Beobachten, wie Hospiz-Helfer Sterbende begleiten. Suchtberater nach ihren Erfahrungen befragen. Eine Zeitlang in einem Pflegeheim für Demenzkranke verbringen. Selbst mit Hilfsbedürftigen kommunizieren, die eigenen Gefühle und Unsicherheiten dabei wahrnehmen.

Vielleicht wird diese Zeit Ihr bisher größtes Abenteuer. Und trotz aller Anstrengungen der erholsamste Urlaub. Weil er Ihre Nächstenliebe wachruft. Womöglich so sehr, dass Sie danach ein Ehrenamt übernehmen.

Ihr Leben kann dadurch reifer und reicher werden.

Geben und Nehmen

Wie halbherzig, zu denken,
Liebe sei nur ein Wort,
über das sich zu philosophieren lohne,
oder ein Gefühl,
in dem man sich wohl fühlen könne.

Wie lieblos, sich einzubilden:
Dieser Mensch, der mir da begegnet,
braucht zwar Hilfe – aber doch nicht meine!

Wie unvernünftig, sich einzureden:
Es gibt so viele professionelle Helfer,
da kommt es auf mich doch nicht an!

Wie entlarvend die Ausreden:
Ich habe jetzt keine Zeit, keine Lust,
werde erwartet, muss zum Termin ...

Wie erfrischend die Erfahrung:
Die Liebe, die man gibt,
kommt zurück, doppelt und dreifach.

Sie gibt unermessliche Kraft
für den Pilgerweg des Lebens.

*Henri Nouwen: Feuer in meinem Herzen. Die Kraft der Mitmenschlich-
keit. Mit Bildern von Vincent van Gogh. (Freiburg/Breisgau 2006)*
Durch die Kraft der Farben wollte der holländische Maler Vincent
van Gogh sich selbst und andere trösten. Für den Priester und Psychologen Henri Nouwen ist van Gogh deswegen ein ganz persönli-
cher »Heiliger« geworden.

Peter Horton: Wilde Gärten (2007)
»Wer andern nie ein Feuer macht« ist eines der bekanntesten Lieder
des österreichischen Liedermachers Peter Horton. Zwanzig Jahre
her ist das, doch der Sänger ist noch immer unterwegs, die richtigen
Worte und Töne für die Nächstenliebe zu finden.

Kolya (Tschechien 1996)
Regie: Jan Sverák; Darsteller: Zdenek Sverák, Andrej Chalimon
Nein, Nächstenliebe ist wahrlich nicht der Grund, weshalb der Pra-
ger Junggeselle Louka eine Scheinehe mit einer Russin eingeht. Ei-
nes Tages ist sie verschwunden – und ihr kleiner Sohn Kolya fordert
Loukas Hilfe. Aus Verpflichtung wird Liebe – eine herzergreifende
Oscar-gekrönte Variante der Nächstenliebe.

Auf dieser Seite ist Platz für Ihre persönlichen Gedanken.

EIN GOTTESHAUS
BESUCHEN

Gotteshäuser für die Menschen

Wenn es stimmt, dass Gott überall ist:
Warum bauen Menschen dann Häuser,
um ihm nahezukommen?

Wenn es stimmt, dass Gott unverfügbar ist:
Weshalb sollte er sich dann
in den heiligen Stätten der Religionen
einrichten und zu Hause fühlen?

Wenn es stimmt,
dass die gesamte Natur von Gott durchdrungen ist:
Wieso sollte er sich dann
in Kirchen, Tempeln, Synagogen aufhalten?

Die Fragen sind falsch gestellt.
Gott braucht keine Wohnstatt.
Um die Menschen geht es –
darum, wie sie ihre Sinne und Seelen
sammeln und öffnen können
für die Kraft des Lebens,
die überall gegenwärtig ist.
Auf geheimnisvolle Weise
helfen die Gotteshäuser aller Religionen dabei.

Heilige Stätten

Was für eine Mauer: Auf eine Höhe von achtzehn Metern sind die gewaltigen Kalksteinquader getürmt, die Mauer ist fünfzig Meter breit. An ihrem Fuß stehen Männer und Frauen, manche lehnen den Kopf an die Mauer, andere bewegen sich rhythmisch und beten laut, wieder andere stehen andächtig auf dem Platz davor. In den Ritzen der Mauer stecken unzählige Zettel, Gläubige haben ihre Gebete daraufgeschrieben in der Hoffnung, dass sie hier, an der Klagemauer, mehr Gehör finden als anderswo. Warum dieser Platz »heilig« ist? Weil diese Mauer einst den Tempel des alten Jerusalem umfasste und damit ganz nah an der »Bundeslade« war, dem jüdischen Allerheiligsten, das seit 2500 Jahren verschollen ist. Über den Platz vor der Klagemauer weht der Hauch der Jahrtausende.

In der Nähe führt eine Treppe hinauf, nur Juden bleibt der Eintritt verwehrt: Dort, wo der Tempel einst stand, strahlt die goldene Kuppel des Felsendoms. Ebenfalls ein Heiligtum ersten Ranges. Muslime glauben, dass ihr Prophet Mohammed von hier aus in den Himmel aufgefahren ist. Das Innere des Doms ist kunstvoll mit arabischen Schriftzügen und Ornamenten verziert. In der Mitte ein großer Felsen. Hier soll Stammvater Abraham seinen Sohn Isaak auf den Opferstein gelegt haben – und erst von ihm abgelassen haben, als Gottes Stimme es ihm befohlen hatte. Nach Mekka und Medina ist der Felsendom der drittheiligste Ort des Islam. Wenige hundert Meter entfernt, im Gewirr der Altstadtgassen, fast unscheinbar, der Eingang zur »Grabeskirche«. Unter einer hohen Kuppel, im Kirchenraum, steht eine prächtige Kapelle mit goldenen Türmen: das »heilige Grab«. Hier soll der tote Körper Jesu gelegen haben, hier soll er von den Toten auferstanden sein. Wenige Schritte entfernt, auf einer Empore, beten Menschen vor der Stelle, die in der Bibel Golgatha genannt wird: Der Hügel, auf dem das Kreuz Jesu gestanden hat.

Jerusalem, die »heilige Stadt«, Pilgerziel seit drei Jahrtausenden. Nirgendwo anders gibt es so viele Gotteshäuser und religiöse Stätten unterschiedlicher Religionen und Konfessionen. Wer hier einige Tage verbringt, kann einen Crash-Kurs zum Thema »heilige Stätten« machen. Synagogen, Kirchen, Moscheen: In jedem dieser Gebäude beten Menschen zu Gott, setzen ihr eigenes Schicksal in Beziehung zu einer ganz anderen Wirklichkeit, die »höher ist als alle Vernunft«. Fühlen sich geliebt und geborgen von wunderbaren Mächten. Die Ausschmückung der Gotteshäuser hilft ihnen, ihre Gedanken zu sortieren und auf diese Mächte zu lenken. Manchen helfen Ikonen und Bilder, die das Heilige abzubilden versuchen. Anderen hilft ein leerer Raum bei der Konzentration aufs Wesentliche. Stehen, sitzen, knien – viele Körperhaltungen können die Zwiesprache mit Gott erleichtern.

Egal, ob Synagoge, Kirche oder Moschee: Die Gebete der Menschen scheinen an diesen Orten eine besondere Energie, einem Kraftstrom gleich, zu schaffen. Wer eine heilige Stätte betritt, reiht sich ein in die Schar der Männer und Frauen, die wissen: Es gibt mehr als das, was unsere Sinne erfassen.

Gott hat die Kirchen wie Häfen im Meer
angelegt, damit ihr euch aus dem Wirbel
irdischer Sorgen dahin retten
und Ruhe und Stille finden könnt.

Johannes Chrysostomos

Und gehst du jetzt mit offenen Sinnen,
mit frohem Mut waldein und -aus:
Denk an der Maurer Hochbeginnen
und bau auch du ein Gotteshaus.

Bau es in dir; so fest gegründet
wie Wald und Dom, so schön und rein,
lass, was dein Leben selbst verkündet,
zur Ehre deines Gottes sein!

Louise Otto

Bethaus statt Räuberhöhle

Nur wenige Situationen brachten Jesus aus der Ruhe. In Jerusalem jedoch konnte und mochte er nicht an sich halten.

Als er den Vorhof des Tempels betrat, das Heiligtum Israels und des jüdischen Glaubens, entdeckte er Händler, die Opfertiere verkauften. Ganz unsanft trieb er die Verkäufer und Käufer aus dem Hof; rabiat stieß er die Tische der Geldwechsler und der Taubenhändler um. »Mein Haus soll ein Bethaus heißen, ihr aber macht eine Räuberhöhle daraus!«, warf er ihnen vor. Nachdem die Geschäftemacher geflohen waren, kehrte Stille ein. Blinde und Lahme kamen zu Jesus, und er heilte sie.

(nach Matthäus 21, 12-14)

Mitten in Hamburg

Ziemlich heruntergekommen war das Haus, als sie es kaufte: Ein Altbau in einer kleinen Straße am Rande Hamburgs, knapp hundert Jahre alt, die Fassade bröckelig, Schimmel an den Wänden, der Keller muffig, im Hof stapelte sich Unrat. So beschrieben andere das Haus und warnten sie vor der vielen Arbeit, die sie hineinstecken müsste. Aber sie hatte eine Vision, die ließ sie über den maroden Zustand hinausblicken.

Das Erste, was sie tat: Sie stellte Blumenkästen vor die Fenster. Die Farbflecken frischten das triste Graubraun des Hauses auf. Dann ließ sie sich Zeit, räumte den Hof auf, wusch die Hauswände ab, besserte grob die Schäden aus. Die Nachbarn, darunter viele Muslime, wunderten sich über die Frau, die unentwegt vor sich hin arbeitete und offensichtlich Freude daran hatte. Noch mehr wunderten sie sich, als sie eines Tages im Hof einen kleinen Stall mit Gehege entdeckten, in dem Enten und Hasen ein Zuhause gefunden hatten. Das marode Haus schien zu einer Oase des Lebens zu werden.

Fünf Jahre später war das Haus auch außen gestrichen. Sogar der Souterrainraum war renoviert worden; durch das Fenster unten am Gehsteig konnte man einen Bastteppich sehen, einige Holzstühle, einen Tisch und an den Wänden große selbstgemalte Bilder. Mit diesem Raum hatte sie etwas ganz Besonderes vor. In dem kleinen Schaukasten, den die Nachbarn bald darauf vor der Tür sahen, hing keine Speisekarte, sondern ein Veranstaltungsprogramm. »Begegnungsstätte für Juden, Christen und Muslime« war da zu lesen. Das war also die Vision der Frau gewesen! »Die Botschaft des Korans« war eine Veranstaltung überschrieben, eine andere: »Abraham, Stammvater dreier Religionen«, eine weitere lud zu einem Besuch der Hamburger Synagoge ein. Immer öfter war Licht zu sehen durch das Fenster; zwanzig bis dreißig Männer und Frauen saßen dann im Souterrain und versuchten, die Verschiedenheit zu verstehen und die Einheit zu finden. Sie gingen dem Geheimnis der Gottesnamen auf den Grund: »Jahwe – Gottvater – Allah«. Erzählten einander, was ihnen der Glaube bedeutet. Stellten erstmals Fragen, auf deren Antworten sie schon immer neugierig gewesen waren: »Was geschieht bei der Beichte? Warum wird die Tora durch den Gottesdienst getragen? Glauben Muslime an Jesus?« Manchmal brachten sie sich gegenseitig Lieder bei. Und wenn sie danach bei Brot und Wein beisammensaßen und den Abend ausklingen ließen, bekam man eine Ahnung davon, wie beglückend Verständigung sein kann. Dieser karge Kellerraum wurde stundenweise zu einer heiligen, besonderen Stätte.

Die Nachbarn und die Bewohner des Stadtteils merkten das. Die Nebenhäuser waren mit Graffitis besprüht, die Begegnungsstätte nicht. Niemals randalierten Betrunkene auf dem Hof oder verschreckten die Tiere. Vielleicht lag es auch an der lebensgroßen Statue, die die Frau vor den Hintereingang gestellt hatte: Franziskus. Der Heilige aus Assisi, der der Legende nach mit den Vögeln sprach und mit Sultan Saladin Friedensgespräche führte. Das Prinzip wirkt bis heute.

Ein Kleinod im Wald

Als ich zum allerersten Mal den Weg ging, hätte ich sie fast übersehen. Der Weg führte mich erst an einem fröhlich plätschernden Bachlauf entlang, dann über eine saftige Almwiese wieder in einen Wald. Die hohen Bäume ließen wenig Licht durch; der Boden war bedeckt von Büschen und Sträuchern. Unvermutet entdeckte ich die kleine Kapelle am Wegesrand. Das Holz hatte schon viele Sommer und Winter überstanden; ein Baumstamm hatte sich während des Wachsens behutsam an die Fassade geschmiegt und war mit den verwitterten Brettern verwachsen. Auf dem Dach eine kleine Turmspitze, bedeckt von bemoosten Dachschindeln. Kapelle und Wald bildeten quasi eine Einheit, die an urwüchsiger Harmonie nicht zu überbieten war.

Ehrfürchtig näherte ich mich, drückte die eiserne Klinke der dicken Holztür. Laut knarrend öffnete sie sich. Der Blick ins Innere rührt mich noch heute: Wie eine Waldhöhle wirkt der Raum; die Wände aus dunklem Holz, von dem jedoch wenig zu sehen ist, da unzählige Bilder es bedecken. Gezeichnete Marienbilder: Madonnen in blauem Gewand, die Hände umfassen das Herz, das in einem sonnigen Strahlenkranz leuchtet. Auf dem hölzernen Altar eine Spitzendecke, Untergrund für eine kleine, von Kerzen gerahmte Jesus-Statue, deren eine Hand sich gen Himmel streckt, die andere hält ein Siegesbanner. Liebevoll gerahmte Bilder zeigen Szenen des Kreuzwegs. Auch die Decke, die sich über den Raum wölbt, ist mit frommen Bildern bedeckt. Über dem Altar schließlich hängt ein geschnitztes Kruzifix.

Frische Blumen und ein brennendes Öl-Licht zeigten: Diese Kapelle steht zwar im Wald, aber jemand kümmert sich darum. Vielleicht die Bewohner des Almhofes, eine halbe Stunde entfernt von hier? Ich setzte mich auf eine der kleinen Kirchenbänke und staunte über das volkstümlich-katholische Kleinod. Und fragte mich, warum ich eigentlich so gerührt war.

Es lag an den vielen Sterbebildern, die die Gläubigen an die Wände geheftet haben. Manche mit pinkfarbenen Reißzwecken in Lücken zwischen den Bilderrahmen; manche an Marienbilder geklemmt; andere auf den Altar gestellt. Bilder der Menschen, die in den Höfen dieser Gegend und im Dorf lebten und liebten, litten und starben. Gegerbte Gesichter alter Männer und Frauen, dazwischen immer wieder junge Menschen, auch Kinder. Angehörige haben ihre Trauer in diese Waldkapelle getragen, haben Trost und Frieden gefunden in der Umgebung der Heiligen- und Gottesbilder. Und haben ihre Verstorbenen in die Obhut dieser heiligen Atmosphäre gegeben. Auf dass sie Frieden finden in der anderen Wirklichkeit, die sie betreten haben.

Acht Jahre sind vergangen, seit ich die Kapelle entdeckt habe. Seitdem zieht es mich immer wieder hierher. Drei- oder viermal im Jahr sitze ich auf den Bänken, schaue die alten und die neuen Sterbebilder an und fühle mich dem Leben nahe. Wenn es eine Definition von »heiliger Stätte« gibt, dann trifft sie auf diese Waldkapelle zu. Nicht, weil eine gefüllte Weihwasserschale am Türpfosten hängt. Auch nicht wegen der Marien- und Jesus-Bilder. Heilig ist diese Waldkapelle wegen der Menschen, die ihre Trauer und ihre tiefsten Gefühle hier vor Gott gebracht haben.

Es muss nicht immer eine Kirche sein

Ein Freund sagte einmal scherzhaft, man könne die Menschen in zwei Gruppen einteilen: in diejenigen, die an jedem Ort, den sie besuchen, die Kirche anschauen – und die, die einen großen Bogen darum machen.

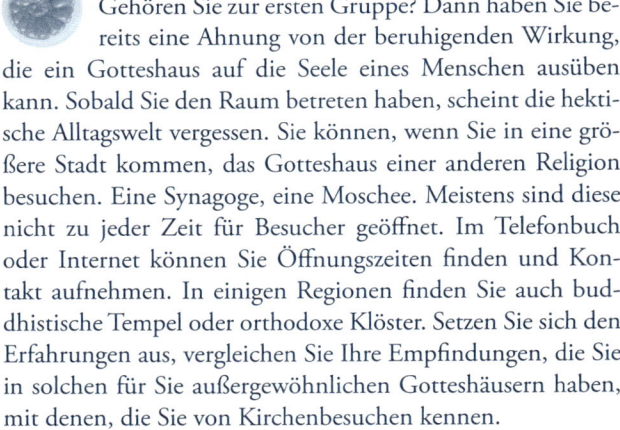 Gehören Sie zur ersten Gruppe? Dann haben Sie bereits eine Ahnung von der beruhigenden Wirkung, die ein Gotteshaus auf die Seele eines Menschen ausüben kann. Sobald Sie den Raum betreten haben, scheint die hektische Alltagswelt vergessen. Sie können, wenn Sie in eine größere Stadt kommen, das Gotteshaus einer anderen Religion besuchen. Eine Synagoge, eine Moschee. Meistens sind diese nicht zu jeder Zeit für Besucher geöffnet. Im Telefonbuch oder Internet können Sie Öffnungszeiten finden und Kontakt aufnehmen. In einigen Regionen finden Sie auch buddhistische Tempel oder orthodoxe Klöster. Setzen Sie sich den Erfahrungen aus, vergleichen Sie Ihre Empfindungen, die Sie in solchen für Sie außergewöhnlichen Gotteshäusern haben, mit denen, die Sie von Kirchenbesuchen kennen.

Oder machen Sie um Kirchen eher einen Bogen? Welchen Grund das auch haben mag: Setzen Sie sich der Situation aus, gehen Sie Ihrer Abneigung auf den Grund. Versuchen Sie, Ihre Vorurteile abzulegen. Lassen Sie sich ein auf eine Kirchen-Erfahrung. Sie müssen nichts glauben und nicht beten. Neugier genügt.

Stille und Schönheit

Am Eingang wartet kein Türsteher
und kein Kartenkontrolleur.
Gratis verwandeln die Fenster
das Tageslicht in ein Farbenmeer.
Ergriffen von so viel Schönheit
setze ich mich in eine Bank,
bin überwältigt von der Stille, die mich umfängt.
Ich reihe mich ein in die Schar der Menschen,
die vor mir hier gesessen haben,
mit anderen Sorgen und Nöten vielleicht,
aber auf dieselbe Stimme hörend
und wie ich auf dem Weg,
auf der Pilgerreise
durch das Leben.

Monika und Udo Tworuschka: Heilige Stätten. Die bedeutendsten Pil-
gerziele der Weltreligionen (Darmstadt 2004)
Eine Reise zu den heiligen Stätten der großen lebenden Religionen:
Buddhismus, Christentum, Hinduismus, Islam, Judentum, Bahai-
tum, Sikhismus. Nach einer kurzen Einführung in die Lehren der
jeweiligen Religion geht es um die heiligen Orte, um Riten, Bräu-
che und Frömmigkeitsformen.

Musica Sacra International – Musik der Weltreligionen (2008)
Wie klingen die Religionen? Diese sechs CDs geben eine Antwort:
Synagogengesang ist zu hören und kirchliche Orgelmusik, kunst-
volle Gebetsrufe von Muezzinen, japanischer Shomyo-Gesang und
Gospels, tibetanischer Tieftongesang, Sufimusik und nepalesischer
Tempeltanz. Die musikalische Reise durch die Religionen wird er-
gänzt durch Erklärungen; neben Musikexperten kommen Charlotte
Knobloch und Friedrich Kardinal Wetter zu Wort. Eine außerge-
wöhnliche Mischung mit vielen Aha-Effekten.

Der Atem der Stille – Mystik heute (Deutschland 2007)
Mit Willigis Jäger, Bruder David Steindl-Rast
Die beiden modernen Mystiker-Mönche sind bekannt dafür, dass
sie die Grenzen der christlichen Frömmigkeit in Richtung östlicher
Meditation überschreiten. Wie, warum und mit welchen Folgen,
erzählen sie in einem inspirierenden Kamingespräch.

Auf dieser Seite ist Platz für Ihre persönlichen Gedanken.

DIE ELTERN
EHREN

Elternhaus

Heimkommen
zu den Menschen, die mich
von Geburt an kennen;

die mich das Gehen und das Leben gelehrt haben,
das Geben und das Nehmen,
das Weinen und das Lachen.
Ihre Tür steht immer offen, sagen sie mir.
Ich mache die Erfahrung: Das stimmt.

Und dennoch ist da ein seltsamer Druck,
den ich so gut kenne
und der sich mir schon seit Jahrzehnten
mal mehr, mal weniger auf die Seele legt,
mich manchmal zu erdrücken droht
und die Lebensenergie abschnürt.

Ihm auf den Grund gehen:
Ein lohnendes Ziel.

Eltern und Kinder

Eltern und Kinder: Fleisch vom gleichen Fleisch, Blut vom gleichen Blut. Eine unlösbare und unfreiwillige Schicksalsgemeinschaft – sogar, wenn gar kein Kontakt besteht. Die Beziehungen von Kindern zu ihren Eltern sind so unterschiedlich, wie Menschen es sind. Alles ist möglich auf der Skala zwischen Harmonie und Hass: tiefe Freundschaft und lebenslange Symbiose, oberflächliche Gleichgültigkeit und abgründige Neidereien. Warum gibt es diese Unterschiede? Wie kommt es, dass aus einer Urbeziehung manchmal ausgesprochen komplizierte und belastete Verhältnisse werden?

Bevor Psychologen diese Frage beantworten, weisen sie auf eine folgenreiche Binsenweisheit hin: Jedes Elternteil ist selbst Kind; jede Mutter, jeder Vater bringt seine eigene Elterngeschichte mit und konfrontiert unbewusst sein eigenes Kind damit. Wie sich Eltern ihren Kindern gegenüber verhalten, ist also kein »normaler« Akt, sondern Ergebnis einer anderen, zurückliegenden Eltern-Kind-Beziehung. Jedes Kind ist eingereiht in eine generationenlange Familiengeschichte, die von den Eigenheiten und Fähigkeiten sowie von den Schicksalen der Vorfahren geprägt ist.

So unterschiedlich diese Geschichten sind – es gibt doch allgemeingültige Phasen der Eltern-Kind-Beziehung, betonen Entwicklungspsychologen. In der Säuglingszeit bestimmt die vollständige Abhängigkeit von der elterlichen Bezugsperson das Leben des Kindes; sein ganzes weiteres Leben kann als

Loslösung und Selbständigwerdung gedeutet werden. Bis am Ende – im Idealfall – ein reifer, erwachsener Mensch neben seinen Eltern steht und mit ihnen eine distanzierte, aber innige und unvergleichliche Beziehung lebt.

Doch lauern viele Hürden auf diesem Weg. Sind Eltern ungeübt in der Kunst des Loslassens, erschweren sie ihrem Kind den Weg in die Selbständigkeit. Setzen Eltern ihre Kinder unter emotionalen Druck, wird das ebenso Folgen haben wie eine übertriebene Fürsorglichkeit. In der Zeit der Pubertät werden wichtige Weichen gestellt für die folgenden Jahrzehnte. Die natürliche Abgrenzung der Kinder von ihren Eltern muss von beiden Seiten durchlebt und oft durchlitten werden. Reibereien scheinen hier der Reifung förderlicher zu sein als Konfliktvermeidung.

Und schließlich ist das Kind erwachsen, und die Eltern gehören zur Seniorengeneration. Mag das Verhältnis nun noch so geklärt und erwachsen wirken – die alten Muster und frühere Rollenzuweisungen wirken weiter. Es gehört viel Verständnis dazu, ihnen auf die Schliche zu kommen. Verständnis auch für die Beweggründe der Eltern. Einst waren sie die unangefochtenen »Helden«; immer mehr erkennt das erwachsene Kind nun deren eigene Lebensthemen und Schicksale und versteht, weshalb sie in bestimmten Situationen so und nicht anders gehandelt haben. Dieses Einfühlungsvermögen und dieses Wissen sind Voraussetzung für eine Aussöhnung. Und ein Zeichen dafür, dass Kinder ihren Eltern die Ehre geben, die sie gleichzeitig befreit.

Unsere Ahnen

Der Mensch wurzelt in seinen Ahnen –
aber alle Dinge haben
ihre Wurzeln im Himmel.

Chinesisches Sprichwort

Menschen,
die nicht auf ihre Vorfahren zurückblicken,
werden auch nicht an die Nachwelt denken.

Edmund Burke

Der verlorene Sohn

Eine weltbekannte Geschichte: Ein Sohn lässt sich vom Vater sein Erbteil auszahlen; er zieht in ein fernes Land und verprasst das gesamte Geld bei allerlei Vergnügungen. Als eine Hungersnot ausbricht, muss er sich als Tagelöhner verdingen und Schweine hüten. In seiner Not beschließt er: »Ich will mich aufmachen und zu meinem Vater gehen und zu ihm sagen: Vater, ich habe gesündigt gegen den Himmel und vor dir. Ich bin hinfort nicht mehr wert, dass ich dein Sohn heiße; mache mich zu einem deiner Tagelöhner!« Tatsächlich geht er zurück in sein Elternhaus. Der Vater ist gerührt vor Freude über die Rückkehr seines verlorenen Sohnes, kleidet ihn ein und gibt ein großes Wiedersehensfest: »Denn dieser mein Sohn war tot und ist wieder lebendig geworden; er war verloren und ist gefunden worden.«

Viele Deutungen hat diese Geschichte erfahren; meist wird der gnädige Vater zum Sinnbild des gütigen Gottes, der auf jedes seiner Kinder mit offenen Armen wartet. Oft übersehen wird ein anderer Aspekt: Indem der Sohn sich in seiner Not dem Vater anvertraut, ehrt er ihn auf eine besondere Weise. Er traut ihm die menschliche Größe zu, statt mit Schimpf und Schande mit Verständnis und Vergebungsbereitschaft zu reagieren. Die Beziehung der beiden wird intensiv wie nie zuvor.

(nach Lukas 15, 11-32)

Nichts hast du falsch gemacht!

»Was habe ich denn eigentlich falsch gemacht?« Eine Frage wie eine Erlösung. Mit leiser Stimme stellt sie ihm sein Vater. Er sitzt in seinem Ohrensessel, sein Körper ist geschwächt. Diabetes, Parkinson, Prostatakrebs. Pflegestufe II. Er ist achtundsiebzig Jahre alt und steht am Ende seines Lebens. Viel spricht er nicht mehr. Es macht ihm Mühe, seine Gedanken in Worte zu fassen. Der Tee steht auf dem Tisch, Plätzchen daneben, der Sohn spürt dieselbe beengende Heimeligkeit wie früher. Und dann diese Frage: »Was habe ich denn eigentlich falsch gemacht?« Als Vater, meint er. Früher hätte der Sohn ihm gar nicht abgenommen, dass er diese Frage ernst meinen könnte. Früher hatte er seine Gefühle hinter einer aus Zynismus und Ironie geschmiedeten Rüstung verborgen. Jetzt aber klingt seine Stimme ehrlich und fragend, bittend sogar. Das Ticken der Wanduhr durchschneidet die stickige Luft und macht unmissverständlich klar: Die Zeit läuft.

Sie sitzen da vor den Plätzchen, die genauso wie die vor fünfunddreißig Jahren schmecken, im selben Zimmer, in dem der Vater damals den vertrauensvollen Männergesprächsversuch seines Sohnes mit einem Vortrag über Geschlechtskrankheiten parierte. Von da an wusste er: »Dieser Mann hat mich zwar gezeugt. Aber mehr als das Nötigste will ich nicht mit ihm zu tun haben.« Er flüchtete in die innere Emigration.

Der Sohn zog aus, weit weg, in eine andere Stadt. Heiratete, wollte alles besser machen. Die Trennung von seiner ersten

Frau kommentierte der Vater ungewohnt hart und unversöhnlich: Trennen dürfe man sich nur, wenn unmittelbare Todesgefahr drohe. Drei Jahre lang hatte es danach gedauert, bis sie sich wiedersahen. Eine Zeit, in der beide merklich alterten.

Und jetzt bewahrheitet sich die Volksweisheit: »Das Alter macht milde.« Als ob er seine Waffen gestreckt habe. »Was habe ich eigentlich falsch gemacht?« Noch immer schwebt die Frage im Raum. Mit ausdruckslosem Gesicht blickt der Vater in Richtung des ausgeschalteten Fernsehers. Früher war es der Sohn, der reden wollte. Jetzt verschlägt es ihm fast die Sprache.

»Nichts, Vater«, hört er sich sagen, »du hast mir das Leben geschenkt. Jetzt sitzen wir hier zusammen. Haben den Kontakt nicht ganz verloren. Das ist nicht selbstverständlich.« Er spürt, wie der Vater jedes Wort dankbar aufnimmt. Diese Worte genügen nicht, hämmert es im Kopf des Sohnes, soll das etwa alles sein? Aber was könnte er noch sagen? Dem Vater endlich die Vorwürfe machen, die sich in ihm aufgestaut haben? Dafür, dass er sich Schweigen und Verdrängen als Strategien für sein Leben ausgewählt hatte? Zu spät, denkt er. Zu ändern ist sowieso nichts mehr. In seiner Hilflosigkeit wird der Vater auf ihn angewiesen sein, in der kommenden Zeit noch mehr. »Nichts hast du falsch gemacht«, sagt er noch einmal, »alles ist gut. Du hast mich gelehrt zu gehen. Ich bin glücklich, tue, was mir gefällt. Und jetzt stehe ich dir in deinem Alter bei, so wie du mir in meiner Kindheit beigestanden hast. Du kannst dich auf mich verlassen.«

Sich neu positionieren

»Du sollst deinen Vater und deine Mutter ehren.« Wie lange habe ich mich gesträubt gegen dieses Gebot! Der Begriff »Ehre« trägt für mich bis heute den faden Nachgeschmack von untertäniger Ehrerbietung und verordneter Dankbarkeit. Dennoch habe ich die Lektion des Lebens zu verstehen versucht: Eltern zu ehren bedeutet, ihnen Achtung entgegenzubringen – mindestens genauso viel wie jedem anderen Menschen.

Dass dies keineswegs selbstverständlich ist, betont auch die biblische Tradition. Sie hat das Thema in die Zehn Gebote aufgenommen, jene Sammlung der wichtigsten, von Gott selbst formulierten Lebensratschläge.

Vermutlich wussten bereits die Menschen biblischer Zeiten um das nur mühsam zu entwirrende Beziehungsgeflecht zwischen Eltern und ihren Kindern. Jedenfalls betrachteten sie es offensichtlich als eine der lohnendsten Lebensaufgaben für jeden Menschen, das Verhältnis zu den Eltern so zu klären, dass eine unbefangene Verständigung möglich ist.

Auch spiegeln die biblischen Geschichten, dass das Ehren der Eltern ein lebenslanger, mit vielen Konflikten und Versöhnungen gepflasterter Weg ist. Das Gebot meint eben nicht ein erzwungenes Stillhalteversprechen der Kinder zu ihren Eltern. Oft genug ist es zu einer Gehorsamsmoral verzerrt worden, die Kindern unterwürfiges Verhalten abverlangt hat. Nein: Die Achtung und Ehre, die dieses Gebot verlangt, kalkuliert Auseinandersetzung mit ein. Nur eine lebendige Beziehung zwischen Kindern und Eltern ist ein Garant dafür, der Ehre nahe zu kommen.

Um dies zu begreifen, bedurfte es bei mir Jahrzehnte. Schweigsamkeit zeichnete das Verhältnis zu meinen Eltern aus und führte zu jahrzehntelanger bleierner Starre. Wenn über Wesentliches nicht gesprochen wird, wenn Gespräche seicht an der Oberfläche dümpeln ohne Anregungen aus den Tiefen der Gefühle – dann ist Lebendigkeit blockiert. Achtung und Respekt fallen immer schwerer.

Wie solch verfahrener Zustand gelöst werden kann? Der Blick in mein eigenes Leben und in meinen Bekanntenkreis zeigt: zum Beispiel durch unerwartete Geschehnisse. Durch schwere Schicksalsschläge. Durch den Tod. Oder dadurch, dass das Alter neue Saiten in den Beteiligten zum Schwingen bringt. Bei einigen Menschen ist zu beobachten: Sie verfallen im Alter nicht dem Starrsinn, sondern wirken wohltuend verändert. Aus lauten Besserwissern werden leise Zuhörer; aus hektischen Akteuren werden ruhige Zeitgenossen. Je hilfsbedürftiger Eltern werden, umso mehr können sie die Eigenarten ihrer Kinder tolerieren.

Auch andersherum gilt: Erreichen Kinder ihre Lebensmitte, ändern sich auch ihre Prioritäten. Neue, durch das Leben gereifte Fragen tauchen auf, ebenso wächst das Interesse an einem gnädigen Rückblick auf die eigene Vergangenheit: Was macht den roten Faden aus, der sich durch mein Leben zieht? Welchen Anteil habe ich, welchen haben andere daran? Diese Fragen ermöglichen, aus der Kindesrolle herauszutreten und die Vergangenheit sowie die Eltern mit innerer Distanz zu betrachten.

151

Einen Lebensbaum erstellen

Unsere Vorfahren haben Weichen gestellt: Was und wie wir sind, haben wir nicht nur uns selbst zu verdanken. Es lohnt sich, über die Elterngeneration hinaus in die Vergangenheit zu blicken: Was waren das für Menschen, die vor Ihnen lebten? Wo wirkten sie, welchen Berufen gingen sie nach, welche Schicksale haben sie erlitten?

Das Bild des Lebensbaumes bietet sich an, um die eigenen Vorfahren zu erforschen. Sie könnten ihn aufzeichnen und sich ihrer Wurzeln bewusst werden. Sammeln Sie Namen, Daten und Ortsnamen, alles, was Sie bekommen können, und tragen Sie es in ein Schaubild ein. Sprechen Sie mit Ihren älteren Verwandten; vielleicht können sie Ihnen auch wertvolle Familiendokumente zeigen.

Nach einiger Zeit werden auf Ihrem Bild die Wurzeln Ihres Lebens immer tiefer und deutlicher sichtbar. Sie werden sich wundern, welche Kräfte sie Ihnen für Ihr Wachstum zuführen.

Was dich trägt

Der Lebensweg führt auf eigenen Pfaden
und immer weiter voran –
warum also ausgerechnet
zurück ins Elternhaus pilgern?

Weil hier die Wurzeln zu finden sind,
die dich tragen.
Es ist wie bei einem Baum:
Die Kraft, mit der du in den Himmel wächst,
bekommst du nicht aus dir.
Sie wird dir zugeleitet aus
dem Stamm.
Und fühlst du dich noch so leicht und unabhängig:
Du wirst getragen von denen, die vor dir waren.
Sie verlangen nichts von dir.
Aber wenn du sie auf deine
ganz persönliche Weise ehrst,
tust du ihnen
und dir selbst
einen Gefallen.

Victor Chu: Lebenslügen und Familiengeheimnisse. Auf der Suche nach der Wahrheit (München 2007)
Oft sind Familiengeheimnisse der Grund für lebenslange Konflikte zwischen Eltern und Kindern. Solange sie gehütet werden, stehen sie einer Aussöhnung und echtem Verständnis im Weg. Der Heidelberger Arzt und Psychotherapeut Victor Chu schildert, warum sie entstehen – und warum es so wichtig ist, sie zu lüften.

Klaus Hoffmann: Ciao bella (1983)
Wie kein anderer Künstler macht der Berliner Liedermacher und Chansonnier immer wieder die Beziehung zu seinen Eltern zum Thema seiner Musik. In wunderschöner poetischer Sprache legt er Rechenschaft ab über seine Mutter und seinen früh verstorbenen Vater. Und er versucht, ihnen zu verzeihen ...

Das Fest (Dänemark 1998)
Regie: Thomas Vinterberg; Darsteller: Ulrich Thomsen, Thomas Bo Larsen, Paprika Stehen
Die Geburtstagsfeier des sechzigjährigen Hoteliers Helge in einem wunderschönen Landhotel gerät aus den Fugen: In seiner Festrede deckt sein Sohn unerwartet ein düsteres Kapitel der Familiengeschichte auf. Erst langsam entdecken die Gäste die Dimensionen, um die es geht.

Auf dieser Seite ist Platz für Ihre persönlichen Gedanken.

EINEN PLAN ERSTELLEN

Geplante Freiheit

Das Leben lässt sich nicht planen,
sagen die Unabhängigen.

Spontaneität ist alles,
behaupten die Kreativen.

Vorsätze sind dazu da, dass man sie bricht,
meinen die Schlauen.

Pläne berauben mich meiner Freiheit,
beteuern die Zügellosen.

Meine Autarkie lasse ich mir nicht nehmen,
erklären die Freigeister.

Dabei übersehen sie,
dass sie mit dem Beharren auf ihrer Unabhängigkeit
ungewollt einen Plan in ihrem Leben umsetzen:
sich die Freiheit zu bewahren.

Ein Rezept zum Glücklichsein?

»Ordnen Sie Ihr Leben!« »Zwölf Rezepte, um glücklich zu werden.« »So planen Sie Ihre Erfolgsstrategie!« Der Markt der Ratgeber-Literatur ist riesig und wächst stetig weiter. Die Verheißungen, die diese Bücher geben, gehen selten über banale Aufforderungen hinaus. Eine gute Planung führe automatisch zum Ziel, versuchen sie – mal mehr, mal weniger geschickt – zu suggerieren. Mit klaren Handlungsanweisungen wollen sie die Leserinnen und Leser auf die Zielgerade des Lebens bringen. Der Erfolg dieser Bücher zeigt, dass das Bedürfnis nach vorgefertigten Plänen groß ist.

So oberflächlich diese Bücher bisweilen sind – sie sprechen zwei verständliche Lebenswünsche an. Der erste möchte das Leben und die Zukunft mit Hilfe eines Planes der Unsicherheit entreißen. Die Unwägbarkeiten des Lebens sollen auf ein Minimum reduziert werden. Der zweite Wunsch ist, das Ziel des Lebens auf möglichst geradem Wege zu erreichen. Ein Plan soll Zeitverluste und unnötige Umwege verhindern.

Vorgefertigte Planungen können diese Wünsche nur teilweise erfüllen. Denn die Unwägbarkeiten des Lebens lassen sich nicht durch Pläne verhindern. Wer sich zu sehr auf einen Lebensplan fixiert, verkrampft und provoziert gerade dadurch unvorhergesehene Ereignisse. Vielleicht hatte John Lennon diesen Zusammenhang im Sinn, als er sagte: »Leben ist das, was passiert, während du eifrig dabei bist, Pläne zu machen.«

Dennoch: Auch für die Pilgerreise des Lebens sind Pläne nützlich. Pläne im Sinne von Visionen oder Prioritäten. Ihre Ziele bestehen nicht darin, Risiko auszuschalten oder möglichst schnell voranzukommen. Ziel des Pilgerweges ist die Reifung des einzelnen Menschen. Dessen Leitfrage lautet: »Wie kann ich werden, der ich bin?« Um das herauszufinden, gibt es keine fertigen Rezepte oder Strategien. Wohl aber Anregungen von Menschen, die diesen Weg vor uns gegangen sind. Eine der wertvollsten lautet, den Pilgerweg bewusst zu gehen. Dazu ist es hilfreich, in regelmäßigen Abständen anzuhalten und sich zu vergewissern: Wohin will ich eigentlich? Stimmt meine Richtung noch? Was ist mir wichtig, was raubt mir Kräfte und Konzentration? Solche Fragen zielen nicht nach außen, sondern nach innen. Sie wollen den Weg nicht erträglicher oder »erfolgreicher« machen; das unterscheidet sie von den Plänen und Vorgaben der Ratgeber-Literatur. Der Pilger will nicht fremden Zielen näher kommen, sondern sich selbst. Wenn er einen Plan hat, dann ist es der: sich selbst nicht aus dem Blick zu verlieren. Dieses Vorhaben macht den Pilgerweg anstrengender, aber erfüllender als jene Wege, die etwa von Glücks-Coaches vorgegeben werden.

Vom Weg abzukommen ist übrigens für einen Pilger keine Schande. Er ist nicht auf der Welt, um einen Plan zu erfüllen. Zu seiner Überzeugung gehört die Gewissheit der Volksweisheit: »Gott schreibt auch auf krummen Linien gerade.« Schnurstracks zum Ziel zu gelangen ist Pilgern eher verdächtig. Sie nehmen sich vor, neuen Wegen zu vertrauen.

Gute Vorsätze

Unsere Vorsätze sollen nie ins Allgemeine gehen,
sondern sie müssen immer
auf etwas Bestimmtes gerichtet sein
und vor allem gegen das,
was uns am meisten im Wege liegt.

Thomas von Kempen

Alle guten Vorsätze
haben etwas Verhängnisvolles:
Sie werden zu früh gefasst.

Oscar Wilde

Der durchkreuzte Plan des Abraham

Der Stammvater Abraham zählt zu den am meisten verehrten Menschen der Bibel. »Geh in ein Land, das ich dir zeigen werde«: Im Alter von fünfundsiebzig Jahren folgte er diesem Ruf Gottes und zog mit seiner Frau Sara aus seiner Heimat Ur in Chaldäa nach Kanaan. Geplant hatte das alte Paar diese Umsiedlung wahrlich nicht. Eine Lehre Abrahams daraus lautete: Gott meint es gut mit mir, seinem Ruf kann ich vertrauen.

Das ist der Schlüssel auch für eine der am schwersten verstehbaren Geschichten der Bibel. Da heißt es, Gott hätte von Abraham verlangt, seinen eigenen Sohn Isaak zu opfern. Abraham fasste diesen vermeintlich göttlichen Auftrag als Anweisung auf. Tatsächlich wollte er eines Morgens den göttlichen Plan umsetzen; er band Isaak auf einen Holzhaufen, nahm ein Messer und setzte an, ihn zu töten. In letzter Sekunde hörte er die Stimme eines Engels: »Lege deine Hand nicht an den Knaben und tu ihm nichts!« Abraham ließ Isaak frei und opferte stattdessen einen Widder.

Viel ist gerätselt worden über den Sinn dieser grausamen Geschichte. Eine ihrer Lehren könnte lauten: Auch wenn du absolut überzeugt bist vom göttlichen Ursprung deines Planes, kann er sich als falsch erweisen.

(nach 1. Mose 22)

Das geplante Glück des Philosophen

»Philosoph? Ähm ... und was arbeiten Sie?« Jedes Mal ist er gespannt auf die Reaktion seines Gegenübers, wenn er die Frage nach seinem Beruf wahrheitsgemäß beantwortet. Einem leibhaftigen Philosophen sind die wenigsten schon einmal begegnet. Vermutlich hätte er selbst vor Jahren ebenfalls fragend den Kopf geschüttelt, wäre ihm ein echter Philosoph über den Weg gelaufen. In seiner Branche, dem Musikbusiness, war die Wahrscheinlichkeit dafür relativ gering. Zwanzig Jahre lang strich er Geld und Erfolg ein. So gut beruflich alles lief, privat war nichts mehr, wie es sollte. Zwei kleine Kinder, eine bezaubernde Frau. Doch die Ehe begann zu kriseln. Plötzlich stand alles auf dem Spiel. »Ich wusste, dass ich diesen Beruf nicht mehr wollte. Obwohl er mir Spaß gemacht hat.« Nun ging alles Schlag auf Schlag. Die Scheidung. Die Midlife-Krise. Der Berufsausstieg. Die Trauer. Das Suchen nach dem Sinn. »Ich habe vieles versucht, ihm auf die Spur zu kommen«, blickt er zurück. In den Büchern sucht er das »Schicksal als Chance«. Er lässt sich von bedeutenden Astrologen sein Horoskop erklären. Meditiert mit Buddhisten, um das Gefühl des Unglücklichseins zu überwinden. »Ich habe mich gefühlt wie ein ausgedörrtes Feld«, sagt er. Doch alle Versuche, es mit Geist und Sinn zu bewässern, scheiterten. Eines Abends fand er sich in seiner Stammkneipe wieder und ahnte zum ersten Mal eine Antwort auf seine Fragen. Eine »Einführung in die Philosophie« an der Volkshochschule hatte er besucht. »Unsere Welt könnte nur Schein und nicht wirklich sein!« Diese Erkenntnis des antiken Parmenides wurde zu seinem Schlüsselerlebnis. Er wollte Philosoph werden. Am nächsten Tag schrieb er sich an der Universität für Philosophie ein. »Ich musste einfach mehr wissen über die Antworten der Philosophen.« Das Studium reichte ihm nicht. Er suchte sich einen Doktorvater und promovierte fünf Jahre später. Mit fünfzig Jahren. Das »summa cum laude« auf seiner Promotionsurkunde erfüllt ihn noch heute mit Freude.

Ob er eine Antwort gefunden hat auf die Frage nach dem Sinn des Lebens? »Vielleicht die, dass es keinen übergeordneten Sinn gibt, sondern höchstens kleinere Sinne, die in verschiedenen Lebensphasen wechseln.« Dann gesteht er: »Mir ist die Antwort nicht mehr so wichtig. Jetzt lebe ich mehr, als nach dem Sinn zu fragen.« In jedem Fall fand er die Liebe, im Hörsaal der Universität, beim Anfertigen eines Referats. Seit zwölf Jahren ist er mit ihr verheiratet.

Und was arbeitet nun ein Philosoph? Lesen. Denken. Disputieren. Seminare geben. Vorträge halten über philosophische Grundfragen, auch im Rundfunk. Buchprojekte will er in Angriff nehmen. Und genießt das Glück, das ihm die Philosophie geschenkt hat. »Ich bin gelassener geworden: Negative Dinge passieren, that's it.« Das hat er von den Stoikern gelernt. Und von Immanuel Kant die »tiefe Einsicht in die Tragik des Lebens: dass wir endlich und unvollkommen sind. Aber dass wir uns trotzdem großen Herausforderungen stellen sollen, um uns selbst zu vervollkommnen.«

»Sieben Wochen ohne«

»Ihr könnt hier so viel feiern, wie ihr wollt – aber nicht in der Passionszeit!« Dieser Pastor, der uns eine lang geplante Party im Jugendraum des Gemeindehauses verbot, hatte fortan schlechte Karten bei uns Jugendlichen. Und dann noch seine Begründung: »Es ist Passionszeit!« Zwar waren wir alle in der evangelischen Jugend aktiv, aber dass der Glaube und das Kirchenjahr so konkrete – und nachteilige! – Folgen haben sollte, ging uns dann doch zu weit. Das Tanzen wollten wir uns nicht verbieten lassen. Zähneknirschend beugten wir uns dem Hausherrn und verlegten die Party in einen nichtkirchlichen Saal.

Diese Begebenheit fiel mir wieder ein, als ich für eine Zeitschrift über die Fastenaktion »Sieben Wochen ohne« zu berichten hatte. Da hatten sich vor Jahren in einer Hamburger Kneipe die Mitglieder eines Stammtisches etwas wahrhaft Großes ausgedacht. Die Männer und Frauen – allesamt im Journalismus tätig, einige auch in der Kirche – wollten Ernst damit machen, dass am Aschermittwoch alles vorbei ist. Traditionell beginnt an diesem Tag die Fastenzeit, die bis Ostern dauert. Darauf besannen sich die Stammtischler. Als Kreativlinge wollten sie jedoch das Fasten nicht auf die Bereiche Essen und Alkohol beschränken. Sie erweiterten den Fastenbegriff. Ihre neue Botschaft lautete: »Verzicht macht frei.« Sieben Wochen lang sollten Menschen auf das freiwillig verzichten, was sie am meisten belastete. Ungesund essen zum Beispiel. Trinken, natürlich. Oder eben auf eine der Angewohnheiten, die man eigentlich schon lange ablegen wollte: Entbehrliches Fernsehzappen. Vermeidbare Autofahrten. Extensives Arbeiten. Oberflächliche Gespräche. Unehrlichkeit. Im ersten Jahr versuchten die Stammtischler es in ihrem Kreis. Sie machten die Erfahrung: Sieben Wochen sind eine gute, weil überschaubare Zeitspanne, um sich durch Verzicht selbst von einer neuen Seite kennenzulernen. Und tatsächlich hatte jeder und jede von ihnen den freiwilligen Verzicht als positiv erlebt. Sie beschlossen, das Projekt unter dem Titel »Sieben Wochen ohne« der Öffentlichkeit zu vermitteln. Mit großem Erfolg. Heute nehmen in jedem Jahr Millionen Menschen allein in Deutschland an der Fastenaktion teil und entscheiden sich, zu verzichten. Nicht, weil irgendjemand es fordert, sondern weil es schlicht guttut. Sie machen die Erfahrung: Auf scheinbar paradoxe Weise führt Verzichten tatsächlich in die Freiheit. Die frei gewordene Energie ermöglicht endlich die Verwirklichung lang ersehnter Wünsche. Die geschenkte Zeit schenkt Freiräume für Verabredungen mit vernachlässigten Freundschaften. Der Plan, sieben Wochen lang sein Leben zu ändern – und sei es nur in einem scheinbar noch so kleinen Bereich –, hat unberechenbare, aber gute Folgen. Er führt aus der unbedachten Selbstbeschränkung in die Weite.

Seit ich die Aktion kenne, nehme ich in jedem Jahr teil daran. Die »sieben Wochen ohne« sind zu einem festen Bestandteil meiner Jahresabläufe geworden. Viele Bekannte fassen lautstark am Neujahrstag »gute« Vorsätze und werfen sie binnen kürzester Zeit um. Meine ganz persönliche Verzichtzeit wirkt jedoch leise und nachhaltig.

Prioritäten bewusst machen

Auf welchem Abschnitt Ihres Pilgerweges befinden Sie sich gerade? Welche Erkenntnisse und Erlebnisse haben Sie bereits gehabt, welche Wunden, aber auch: Welche Heilungen haben Sie davongetragen?

Es braucht Zeit und Muße, solche Fragen zu stellen und Antworten zu finden. Klinken Sie sich für eine Zeitlang aus dem Alltagsgeschehen aus. Suchen Sie sich einen Ort, an dem Sie alleine sein können. Vielleicht Ihr Zimmer; vielleicht auch einen Platz in der Natur, unter einem Baum, an einem Fluss oder an einem See. Nehmen Sie ein Notizbuch und einen Stift mit. Manchen Pilgern hilft es, sich ihren bisherigen Weg aufzuzeichnen.

Dann fällt es leichter, Prioritäten zu setzen und die Wegstrecken zu planen, die vor Ihnen liegen. Welchen Ballast möchten Sie abwerfen? Welche Energiequellen möchten Sie anzapfen, um Kraft und Geduld für die vor Ihnen liegende Strecke zu schöpfen? Auf was wollen Sie verzichten, was hat eine bisher unbekannte Wichtigkeit für Sie erlangt?

Meine innere Stimme

So viele Möglichkeiten und Vorschriften,
so viele Wegbeschreibungen und Anweisungen,
so viele Ratschläge
machen es mir schwer,
unbeirrt weiterzugehen
und mir selbst treu zu bleiben.

Ich sehne mich nach Auszeiten,
nach Orten, an denen ich dem Stimmengewirr
der ungefragten Ratgeber nicht ausgesetzt bin
und stattdessen mir selbst klar darüber werden kann,
was ich will,
wer ich jetzt bin
und wer ich einst sein werde.

Von nun an plane ich,
mich nur noch auf meine innere Stimme
und auf Menschen zu verlassen,
die meine Seele erkennen
und denen mein Weg so sehr am Herzen liegt
wie ihr eigener.

Isaac Bashevis Singer: Der Büßer (Frankfurt/Main 1988)
Eines Tages erkennt Joseph Shapiro, dass ihn Luxus, Sex und Reichtum nicht glücklich machen. Er beschließt, ein neues, frommes Leben in Israel zu beginnen. »Die Heilmittel, die er empfiehlt, werden nicht jedermanns Wunden heilen können«, meinte Autor Singer, »aber die Art der Krankheit wird, so hoffe ich, erkannt werden.«

Keith Jarrett: The Köln Concert (1975)
Der einzige Plan, den Jazzpianist Keith Jarrett hatte: Er wollte auf die Bühne des Kölner Opernhauses gehen, sich solo an den Flügel setzen und einfach nur improvisieren. Das Ergebnis: ein wundervolles, fast hypnotisches Klavierstück, siebenundsechzig Minuten lang. Aus dem Chaos der Töne formt Jarrett wunderschöne musikalische Themen. Berauschend – ob wirklich ungeplant oder nicht.

Paris, Texas (Deutschland/Frankreich 1984)
Regie: Wim Wenders; Darsteller: Harry Dean Stanton, Nastassja Kinski
Der am Leben verzweifelte Travis ist beseelt davon, Jane – seine Ex-Geliebte und Mutter seines Sohnes – wiederzutreffen. Seine beharrliche Suche hat Erfolg. Jane erkennt ihn zunächst nicht. Erst als er ihre gemeinsame Liebesgeschichte erzählt, wird ihr klar, dass es Travis ist. Dieser Dialog gehört zu den bewegendsten Szenen der Filmgeschichte.

Auf dieser Seite ist Platz für Ihre persönlichen Gedanken.

IN DEN ALLTAG ZURÜCKKEHREN

Wertvoller Alltag

»Alltags-Trott«?
Nein – meinem Alltag lasse ich nicht
die Würde nehmen.
Die stete Abfolge
von Schlafen und Essen, Arbeit und Freizeit,
die stets gleichen Menschen um mich herum:
Familie, Freunde, Kollegen –
das alles ist viel mehr als Routine
und mindestens so wertvoll wie jedes
außergewöhnliche Ereignis meines Lebens.

Jedem meiner Alltage
möchte ich das Besondere entlocken.
Für jede alltägliche Begegnung
möchte ich versuchen, dankbar zu sein.
Bei jeder noch so normalen Tätigkeit
möchte ich achtsam werden
für das Unvermutete.

In kleinen Dingen Wunder erkennen

Alltag begleitet uns zeitlebens – doch sein Image ist denkbar schlecht. Als trübe wird er bezeichnet, literarisch Anspruchs-vollere sprechen von der »Tristesse des Alltags«. Als ob das Le-ben nur in den Unterbrechungen des Alltags, an Sonntagen, Festen, im Urlaub lebenswert und interessant sei. Für viele ist diese Festlegung des Lebensrhythmus ein Grund, sich in die vielfach beklagte Alltagsroutine fallen zu lassen.

Ein einfacher Perspektivenwechsel kann aus dieser Ver-kürzung heraushelfen. Der Alltag ist kein Bremsklotz der Lebensfreude. Er ist einer der treuesten Lebensbegleiter. Er rettet davor, in jedem Moment präsent sein zu müssen. Er bewahrt vor der Illusion, stets neue und noch bewegende-re Erfahrungen machen zu müssen. Inmitten der täglichen Reizüberflutung und der unzähligen Möglichkeiten bietet der Alltag einen Rückzugsort. Weil wir hier alles kennen und uns jeder Mensch vertraut ist, fühlen wir uns geborgen.

Aber, es gibt auch die Kehrseite, den wahrhaft grauen All-tag, aus dem man sich am liebsten wegträumen möchte in andere Gefilde. Was uns vertraut ist, wird uns oft leid. Es gibt die Momente, in denen wir unser Tun als eine sinnlose Ab-folge von lange eingebrannten Abläufen empfinden. Es gibt Tage, an denen uns die Begegnungen mit den Menschen, die täglich um uns herum sind, belasten und wir am liebs-ten ganz woanders sein möchten, weit weg. An einem Par-tystrand auf Mauritius, im Grand Canyon am Lagerfeuer mit

Freunden oder auf einem Dreimaster. Mit diesen und ähnlichen Traumbildern beflügelt die Werbewelt unsere unstillbare Sehnsucht und empfiehlt auszubrechen: »Sail away!«

Den Alltag abzuschütteln gelingt mit diesen Bildern höchstens für ein paar Momente. Aber sie können ihn madig machen. Sie streuen Sand ins Getriebe der schützenden Gewohnheit und gaukeln uns ein erfüllteres Leben ohne ihn vor.

Ein anderer Weg wäre nicht so bunt und dennoch reizvoller. Wie wäre es, mit allen Sinnen die Schönheit des Alltäglichen zu entdecken? Das hieße zum Beispiel: Zu erkennen, dass der Mensch, der mir täglich begegnet und den ich so gut zu kennen meine, ungeahnte Tiefen und Bedürfnisse hat! Die Tätigkeit, die ich Tag für Tag verrichte, ist nicht stupide oder kräftezehrend, sondern ein Weg, etwas Gutes in die Welt zu bringen! Durch die Rituale des Tages – vom Aufstehen über die Hausarbeit, vom flüchtigen Abschiedskuss bis zum späten Schlummertrunk – habe ich Anteil am Rhythmus der Schöpfung. Viele weitere Möglichkeiten gibt es, dem Alltag seine eigene Schönheit wiederzugeben.

Die Voraussetzung, dies zu erfahren, ist die Grundhaltung der Achtsamkeit. Auch in der kleinsten Begebenheit lässt sich ein Wunder erkennen; auch die scheinbar flüchtigste Begegnung kann Liebe atmen; jedes Gespräch, mag es noch so oberflächlich beginnen, kann das Wesentliche berühren.

Wer seinen Alltag auf diese Weise begeht, wird ihn dankbar als nie versiegende Glücksquelle schätzen lernen und sagen: Es ist gut, dass der Alltag mich zeitlebens begleitet. Sehr gut.

Wenn der Alltag dir arm erscheint,
klage ihn nicht an – klage dich an,
dass du nicht stark genug bist,
seine Reichtümer zu rufen,
denn für den Schaffenden gibt es keine Armut.

Rainer Maria Rilke

Nicht die Jahre,
sondern die Untätigkeit
macht uns alt.

Christine von Schweden

Ein jegliches hat seine Zeit

Das Buch Prediger beschreibt bemerkenswert lebensnah die Höhen und Tiefen des Lebensalltags. Es ist Teil der sogenannten biblischen »Weisheitsliteratur«, die Gelassenheit angesichts der Unwägbarkeiten des Lebens empfiehlt.

Alles hat seine Zeit, alles hat seine Stunde:
geboren werden und sterben;
pflanzen und ernten;
töten und heilen;
abbrechen und aufbauen;
weinen und lachen;
klagen und scherzen;
nahe sein und abwenden;
suchen und verlieren;
sammeln und wegwerfen;
schweigen und reden;
lieben und hassen;
streiten und versöhnen.
Alles hat seine Zeit …

(nach Buch Prediger 3, 1-8)

Lektion des Lebens

»Lieber Gott, ich weiß zwar, dass es dich nicht gibt, aber es wäre nett, wenn du mich nicht krepieren lassen würdest.« So groß war seine Verzweiflung, dass er als erklärter Atheist dieses Stoßgebet gen Himmel schickte. »Im wahren Leben bin ich eben kein Held, ich wollte partout nicht sterben«, gibt er zu. »Lymphknotentumor« lautete die Diagnose, die ihn vor drei Jahren aus dem Alltag riss. Statt seines geregelten Jobs erlebte er Monate voller Unsicherheit und Ängste, voll bangem Warten, Schmerzen und Todesgedanken. Chemotherapien und Bestrahlungen musste er aushalten, Operationen, eine Lungenentzündung, einen künstlichen Darmausgang.

Das hatte ihm gerade noch gefehlt. Der Sohn war soeben mit Ach und Krach aufs Gymnasium gewechselt, die pubertären Anwandlungen der älteren Tochter kosteten ihn und seine Frau Nerven. »Feierabend« hieß für ihn noch lange nicht Pause oder Entspannung, im Gegenteil, dann fing die Hektik erst richtig an: Die Kinder irgendwo abholen oder hinbringen, bei Schulaufgaben helfen, Elternabende und Vereinssitzungen, den Ausbau des Dachgeschosses vollenden, den Garten in Schuss halten. Kaum kam er vor Mitternacht ins Bett. Wie in einem Hamsterrad fühlte er sich.

Und dann begannen plötzlich und unerwartet an einem Wochenende diese Beschwerden: Fieberschübe, Schüttelfrostanfälle; der Notarzt ließ ihn sofort in die Klinik bringen. Bei den Untersuchungen entdeckten die Ärzte geschwollene

Lymphknoten im Brustbereich. Der Verdacht erhärtete sich wenig später. Der Krebs hatte bereits mehrere Körperregionen befallen. Immerhin: Neunzig Prozent Überlebenschance gaben ihm die Ärzte. Vorausgesetzt, er würde die Torturen der Therapie über sich ergehen lassen. »Ich wollte nicht sterben, ich wollte kämpfen«, erinnert er sich. »Ohne die Unterstützung meiner Frau und meiner Kinder ging das nicht.« Sie nahmen es humorvoll, als ihm die Haare ausgingen. Seine Frau stützte ihn, als er Lähmungserscheinungen hatte, und tröstete ihn, wenn er vor Verzweiflung losheulte, weil eine Therapie nicht angeschlagen hatte. »Nach einem Jahr Hölle« freuten sich seine Frau und die Kinder unbändig, als nach der Enduntersuchung die Tumore verschwunden waren.

»Die Krankheit hat mich fast zu Tode gequält«, sagt er heute, »aber sie hat mir auch einige Lebenslektionen erteilt.« Während der nicht enden wollenden Wochen im Krankenhausbett habe er in Gedanken immer wieder unschöne Alltagssituationen durchlebt: den Ärger mit Kollegen; die zähen Beziehungsgespräche mit seiner Frau; die Auseinandersetzungen mit den Kindern. »Aus dem Abstand haben sich die ganzen Alltagsreibereien als absolut überflüssig erwiesen.«

Diese Sicht hat er sich bewahrt. Dass er seit seiner Genesung zufriedener sei, findet nicht nur er, sondern auch seine Familie und Kollegen. Er selbst freut sich, in vormals unterschätzten Dingen plötzlich Tiefe zu entdecken. »Mir sind die Augen für die Schönheit des Alltags aufgegangen.«

Das »Prinzip Sonntag«

Eine typische Alltagswoche sah für mich als Kind in deutschen Wirtschaftswunderzeiten so aus: Montag bis Freitag morgens Schule, nachmittags Hausaufgaben und Spielen, freitags gab's Fisch, samstags wurde geduscht, und am Tag darauf stand ein Familienausflug auf dem Programm, in Sonntagskleidung selbstverständlich. Geburtstage durchbrachen diese Alltagswochenrituale, Festzeiten wie Weihnachten oder Ostern warfen die Einteilung vollends um. Je älter ich wurde, desto deutlicher empfand ich diese Alltagsstruktur als einengend und entzog mich ihr Jahr um Jahr mehr. Ich verweigerte mich dem bürgerlichen Alltag mit seinen Abgründen und Schutzräumen und errichtete mir mein eigenes Zeitgerüst. Als Jugendlicher in der Clique, als Student in einer großen Stadt mit einer Mischung aus Lernen und Leben. Das bedeutete: Jeder Tag ein Feiertag – aber auch: Jeder Tag ein Arbeitstag. Im Rückblick betrachte ich diese Jahre als eine ereignisreiche und unentbehrliche, aber enorm kräftezehrende Zeit.

Erst die Geburt meines Sohnes strukturierte wieder meine Tage. Eine heftige Umstellung. Morgens um fünf massierte ich Babyfüße, kochte mittags Brei und sank abends erschöpft auf's Sofa. Das Kinderlächeln entschädigte für vieles. Das Kind brachte Alltagsgefühle zurück in mein Leben. Montag bis Freitag morgens Schule, nachmittags Hausaufgaben und Spielen, Fisch gab's jedoch nicht nur freitags, geduscht wurde öfter, und sonntags blieben die Jeans an. Dennoch: Zu meinem Erstaunen erhielt dieser ehemals zum Zwangs-Familientag gestempelte Sonntag eine ganz

*neue und verblüffend positive Bedeutung. Er setzte den von al-
lerlei Alltagsverpflichtungen bestimmten sechs »Werktagen« eine
andere Welt entgegen. Dabei blieb er fair. Er wertete die anderen
Tage nicht ab, spielte sich nicht zum besten aller Tage auf. Er bot
mir die Gelassenheit an, in Ruhe auf die vergangene Woche zu
blicken und in die nächste vorauszuschauen.*

*Plötzlich erkannte ich, wie tief die biblische Schöpfungsge-
schichte in der Lebenserfahrung arbeitender Menschen verankert
ist. Sie stellen sich vor, dass Gott, nachdem er die Welt erschaffen
hatte, am siebten Tag ausruhte. Gott »segnete und heiligte ihn«,
berichtet die Bibel. Unwillkürlich entsteht im Kopf das Bild
eines alten, bärtigen Gottes, der im Wolkensessel voller Genug-
tuung über seine Schaffenskraft das vollbrachte Werk anschaut:
»Und siehe, es war sehr gut.« Eine sympathische Vorstellung.*

*Seit dieser Erkenntnis habe ich dem Sonntag eine neue
Bedeutung in meinem Alltag gegeben. Bewusst zapfe ich eine
Quelle an, die Menschen seit Tausenden von Jahren nutzen. Mit
ihnen stimme ich einen Lobgesang des Nichtstuns und der Muße
an. Versuche, ganz im Hier und Jetzt zu schweben. Achte auf
meine Seele und meinen Körper. Frage mich, ob ich das Ziel
meines Pilgerweges noch im Blick habe.*

*Weil ich überzeugt vom »Prinzip Sonntag« bin, möchte ich es
täglich anwenden. Nicht nur in jeder Woche, sondern jeden Tag
möchte ich mir eine Auszeit nehmen. Und sei es nur eine halbe
Stunde. Meine Lehrerin ist Astrid Lindgren, die mit einem Au-
genzwinkern sagte: »Und dann muss man ja auch noch Zeit haben, einfach dazusitzen und vor sich hin zu schauen.« So ist's.*

Die ganze Welt im Kleinen

Wie man den Gleichlauf des Alltags unterbrechen kann? Die mystische Tradition schlägt eine spezielle Meditationsform vor. Sie können sie an jedem Ort, an dem Sie sich befinden, praktizieren: am Schreibtisch, im Wartezimmer, in der Wohnung, im Café ...

Zwei Dinge brauchen Sie: Zum einen ein paar Minuten Zeit. Zum anderen irgendeinen natürlichen Gegenstand. Ein Stein kann das sein, ein Blatt, ein Apfel – oder auch die Pilgerschnecke, die diesem Buch beiliegt. Dieser Gegenstand wird für die nächsten Minuten im Zentrum all Ihrer Aufmerksamkeit stehen. Nehmen Sie ihn in die Hände, ertasten Sie ihn genau. Richten Sie Ihre Sinne auf ihn. Dann erforschen Sie ihn mit Blicken. Versuchen Sie, sich vorzustellen: Dieser scheinbar unbedeutende Gegenstand ist ein Spiegel der ganzen Welt; in ihm findet sich die ganze Schöpfung konzentriert. Wenn Sie diese Meditation einige Male durchgeführt haben, können Sie spüren, wie Sie mit dem Gegenstand eins werden. Mit etwas Übung können Sie dieses Gefühl binnen weniger Minuten hervorrufen. Es wird Sie Ihren Alltag neu erleben lassen.

Ein Abbild des Ganzen

»Augen zu und durch«?
Der Alltag ist kein Jammertal,
durch das man gehen muss,
um endlich wieder etwas Schönes zu erleben.

Der Alltag
ist die Station des Lebens,
die ein Pilger am häufigsten aufsucht,
obwohl sie so versteckt ist wie keine andere.
Wer es einmal geschafft hat,
hinter der Monotonie die Wunder zu entdecken,
wird reich belohnt.
Ein ganzes Universum öffnet sich
und bahnt der Erkenntnis den Weg:
Auch mein Alltag ist ein Abbild des
ewigen großen Ganzen.

Tony Hendra: Father Joe. Der Mann, der meine Seele rettete (Freiburg/Breisgau 2005)
Bis zum Alter von siebenundvierzig Jahren hatte der englische Schauspieler und Satiriker Tony Hendra einen besonderen Begleiter: den Benediktinermönch »Father Joe«. Unaufdringlich und hilfreich stand dieser ungewöhnliche Geistliche Hendra während aller Lebensphasen liebevoll bei. Rührend beschreibt Hendra den inzwischen gestorbenen Seelsorger: »Ein Leuchtturm des Glaubens in den Gewässern von Erfolg und Geld, von Berühmtheit und Besitz.«

Dido: Safe Trip Home (2008)
Wie ein weiches Nest klingt die Stimme der englischen Sängerin; ihre Lieder kreisen um die Kraft der Liebe. Sie sind wie akustische Oasen, die auch die trüben Wegstrecken des Alltags versüßen.

Die fabelhafte Welt der Amélie (Frankreich/Deutschland 2001)
Regie: Jean-Pierre Jeunet; Darsteller: Audrey Tautou u. a.
Amélie arbeitet als Kellnerin in einem kleinen Pariser Café. Ihr Alltag besteht aus einer traumhaften Mischung von Wirklichkeit und Phantasie. Sie lernt seltsam schrullige Menschen kennen und lieben und greift in das Alltagsleben ihres Stadtteils ein. Der Film ist eine wundervolle Hommage an die im Alltag verborgenen Wunder.

Auf dieser Seite ist Platz für Ihre persönlichen Gedanken.

Nachwort

Das Ziel bist du

Herkömmliche Pilgerwege enden an einem Wallfahrtsort. Wer den bekanntesten geht, wird am Ende glücklich und mit wunden Füßen in der Kathedrale von Santiago de Compostela sitzen. Teilt der Pilger den katholischen Glauben, so wird er auf Fürsprache des heiligen Jakobus bei Christus hoffen. Gegen das ausgefüllte Pilgerbuch bekommen die Pilger die Jakobsmuschel als Zeichen überreicht.

Sie als Leserin oder Leser dieses Buches haben die Pilgerschnecke bekommen. Vielleicht möchten Sie den Pilgerweg, der hier skizziert ist, gehen. Dann wird sie Ihnen eine Begleiterin sein.

Einige der zwölf Stationen haben Sie wahrscheinlich schon besucht, nicht wissend, dass sie Teil Ihres lebenslangen Pilgerweges sind. Andere werden Ihnen womöglich fremd vorkommen oder als große Herausforderung. Nehmen Sie sich Zeit. Niemand drängt Sie. Die Sehnsucht nach jeder dieser Pilgerstationen wird von selbst in Ihnen wachsen.

Wo der Pilgerweg endet, wenn nicht in einer Kirche, wollen Sie wissen? Er endet erst mit Ihrem letzten Atemzug. Aber das Ziel werden Sie schon vorher erreichen, Schritt für Schritt. Die Mühen des Weges lohnen sich. Jede Station wird Sie näher an sich selbst heranführen. Nach jeder Rückkehr werden Sie reifer sein als vorher. Dann werden Sie das Ziel erahnen: Sie werden bei sich selbst ankommen. Bei Ihrem eigentlichen Wesen, befreit von allen Verkrümmungen und

Verstrickungen, von Unehrlichkeiten und irregeleiteten Träumen. Das Ziel bist du.

Kirchenvater Augustin, der selbst einen schmerzhaften und befreienden Pilgerweg gegangen ist, drückte dasselbe Ziel in frommer Sprache aus: »Unser Herz ruht nicht, bis es in dir ruht, o Gott.«

Auf den folgenden Seiten können Sie Ihre persönlichen Gedanken und Erfahrungen mit diesem Pilgerbuch notieren.